———

Tiré à 250 exemplaires
dont 5 sur papier de couleur

———

L'APOTRE SANTIAGO
(SAINT JACQUES LE MAJEUR)

D'apres un vieux bois.

Imp. Forestié.

STATUE EN MARBRE, REVÊTUE OR, ARGENT ET PIERRERIES
SUR LE MAÎTRE-AUTEL DE COMPOSTELLE
Vénérée par les Pélerins.

LES CHANSONS

DES

PÈLERINS DE SAINT-JACQUES

(Paroles et Musique)

AVEC INTRODUCTION, NOTES HISTORICO-CRITIQUES

Et reproduction de vieilles Estampes

PAR

M. L'ABBÉ CAMILLE DAUX,

Missionnaire Apostolique

Historiographe du Diocèse de Montauban

MONTAUBAN

IMPRIMERIE ET LITHOGRAPHIE ÉDOUARD FORESTIÉ

23, rue de la République, 23

—

1899

Letter much b
4.7th 1920

LES CHANSONS

DES

PÈLERINS DE SAINT-JACQUES

(Paroles et Musique)

AVEC INTRODUCTION, NOTES HISTORICO-CRITIQUES

Et reproduction de vieilles Estampes

PAR

M. L'ABBÉ CAMILLE DAUX

Missionnaire Apostolique

Historiographe du Diocèse de Montauban

AINT JACQUES sur un blanc palefroi, casqué, l'arme au poing et brandissant l'étendard crucifère, voilà pour l'Espagne la personnification de la lutte impitoyable contre l'Infidèle, le symbolisme de la glorieuse conquête de la patrie sur le Maure. Aussi, comme jadis nos armées s'ébranlaient au cri de *Mont-Joie Saint-Denis!* l'Espagnol courait-il au combat en clamant : *Santiago! Santiago!* Souvent même cette supplication devenait plus explicite, plus pressante sous cette forme : *Santiago! Cierra España!* « Saint Jacques! garde l'Espagne! »

De ce fait, les Infidèles eux-mêmes ont cru au *Matamoros*, au saint pourfendant les Maures. Maintes fois, saisis d'épouvante, fuyant en déroute, ils ont déclaré avoir aperçu, — comme à la fameuse journée de Clavijo, — « un cavalier plus brillant que l'éclair, aussi prompt que la foudre, » conduisant les armées chrétiennes à la victoire. Ce devait être... c'était Monseigneur *Santiago el Santo!*

MONTAUBAN

IMPRIMERIE ET LITHOGRAPHIE ÉDOUARD FORESTIÉ

23, rue de la République, 23

—

1899

La musique des Chansons et quelques pages seulement de la IIᵉ partie de la présente Étude ont paru dans LE PÈLERINAGE A COMPOSTELLE ET LA CONFRÉRIE DES PÈLERINS DE MONSEIGNEUR SAINT-JACQUES DE MOISSAC EN QUERCY, *grand in-8° de 400 pages;*

LES CHANSONS

DES

PÈLERINS DE SAINT-JACQUES

PREMIÈRE PARTIE

PRÉLIMINAIRES HISTORIQUES

SAINT JACQUES sur un blanc palefroi, casqué, l'arme au poing et brandissant l'étendard crucifère, voilà pour l'Espagne la personnification de la lutte impitoyable contre l'Infidèle, le symbolisme de la glorieuse conquête de la patrie sur le Maure. Aussi, comme jadis nos armées s'ébranlaient au cri de *Mont-Joie Saint-Denis!* l'Espagnol courait-il au combat en clamant : *Santiago! Santiago!* Souvent même cette supplication devenait plus explicite, plus pressante sous cette forme : *Santiago! Cierra España!* « Saint Jacques! garde l'Espagne! »

De ce fait, les Infidèles eux-mêmes ont cru au *Matamoros*, au saint pourfendant les Maures. Maintes fois, saisis d'épouvante, fuyant en déroute, ils ont déclaré avoir aperçu, — comme à la fameuse journée de Clavijo, — « un cavalier plus brillant que l'éclair, aussi prompt que la foudre. » conduisant les armées chrétiennes à la victoire. Ce devait être... c'était Monseigneur Santiago, *el Santo!*

✠

La légende de Saint-Jacques devait nécessairement entrer dans notre épopée nationale. Elle allait si bien au tempérament chevaleresque et croyant de nos pères! Charlemagne et ses paladins, agenouillés en guerriers-pèlerins au miraculeux tombeau de Compostelle [1], ne pouvaient qu'entraîner les foules sur leurs pas. Ils les y entraînèrent effectivement. Or, voici comment, d'après la tradition, s'établit le courant du célèbre pèlerinage.

« Les restes du grand apôtre, S. Jacques, écrit l'archevêque Turpin [2], venaient d'être inopinément découverts (812) dans la forêt d'Iria-Flavia, par l'évêque compostellan Théodomir. A la relation de cette miraculeuse invention, « un enthousiasme, qui n'a été surpassé que par celui des « Croisades, » souleva les villes et villages, et poussa vers le tombeau, qui sortait de sous un linceul de broussailles... Alors, dit l'évêque historien, Charles, ayant épuisé ses forces aux guerres si longues et si pénibles qu'il avait dû entreprendre, ne soupirait qu'après le repos. Tout à coup, il aperçoit dans le firmament un chemin d'étoiles commençant à la mer de Frise, courant à travers le pays des Teutons, l'Italie et la Gaule, et suivant en ligne droite l'Aquitaine, à travers la Gascogne, le pays Basque, la Navarre et l'Espagne jusqu'à la Galice. Le phénomène se renouvelant chaque nuit, Charles en médite la signification.

« Préoccupé, agité, il voit en songe un héros d'une extraordinaire beauté : — Que dis-tu, mon fils ? demande le héros. — Qui êtes-vous ? répond Charles. — Je suis Jacques l'apôtre, disciple du Christ, fils de Zébédée, frère de Jean l'Évangéliste : j'ai été martyrisé par Hérode ; mon corps repose en Galice, où les Sarrasins oppriment les chrétiens ; tu es, toi, le plus brave et le plus puissant des souverains ; va donc et délivre la Galice des mains de ces Moabites. Le chemin d'étoiles que tu as vu briller dans le ciel signifie qu'avec la nombreuse armée qui, sous tes ordres, terrassera cette perfide race de païens et rendra sûre la route qui conduit à mon église et à mon tombeau, tu dois aller en Galice. Donne cet exemple à tous les peuples qui viendront à mon sépulcre solliciter le pardon de leurs fautes et chanter les louanges du Très-Haut. Pars sans retard ; je serai ton protecteur dans le danger ; j'obtiendrai pour toi, à cause de tes travaux, une couronne dans les cieux, et ton nom sera célèbre jusqu'à la fin des âges.

« Ainsi parla l'Apôtre. Charles crut à la promesse qui lui était faite, rassembla ses armées et partit pour aller combattre les Sarrasins. Il

---

[1] Voir dans *Le pèlerinage à Compostelle et la Confrérie des pèlerins de Monseigneur St-Jacques de Moissac*, p. 6, ce qu'il faut penser de cette expédition.

[2] *Vita Caroli magni et Rotolandi*, ch. ii, iii, v. — Voir dans *Le pèlerinage*, cité ci-avant, les opinions sur cet écrit et cette légende, pp. 6 et 148.

leur enleva Pampelune, visita le tombeau de S. Jacques, poursuivit sa course jusqu'à Iria-Flavia et jusqu'aux bords de la mer, où il planta sa lance, rendant grâces à Dieu et à son Apôtre. »

Le bruit de cette vision se répand aussitôt. Dans le monde chrétien, le radieux ruban d'étoiles qui se déroule au firmament sous le nom mythologique de *Voie lactée* devient le *Chemin de Saint-Jacques*. Les yeux fixés sur ce sillon lumineux, les foules enthousiastes se mettent en marche vers « *le champ de l'étoile,* » *campus stellæ*, Compostelle ! L'ère des pèlerinages est ouverte.....

Durant neuf siècles, un immense élan de foi portera « les pèlerins du monde entier au pied du tombeau du grand apôtre de l'Espagne. Vilains, bourgeois, grands de la terre, hauts et puissants seigneurs, des rois eux-mêmes, touchés de contrition, repentants, prenaient un beau jour le bourdon, la pèlerine et la gourde, pour expier à Compostelle ou demander une grâce. Ils cheminaient par les routes, demandant la charité quand ils étaient pauvres, et, riches, la faisant sur leur pas; l'hôpital était au bout des rudes étapes pour les recevoir. Et jusqu'à la Révolution, les pèlerins de France, de tous les plus nombreux, se sont dirigés vers la Galice en longues théories; seules les guerres avec l'Espagne ont pu ralentir de temps à autre ce grand mouvement d'où sont sorties les croisades [1]. »

Un petit et rare volume, imprimé en 1747, donne une idée de la vogue qu'avaient alors les pèlerinages chez nos compatriotes, et du mouvement considérable qui portait notre pays vers les divers lieux de vénération, bien longtemps avant les Croisades et jusqu'aux premiers grondements de la Révolution. On y voit que, « bon an mal an, 30,000 pèlerins français, au moins, s'acheminaient vers les frontières pour gagner Saint-Jacques de Compostelle ou Notre-Dame du Montserrat, soit pour franchir les Alpes et marcher sur Rome... En une seule année, à Montserrat, le confesseur des Français entendit les confessions de 4,500 de cette nation, sans compter ceux que d'autres confessèrent lorsqu'il était occupé [2]. » — Et comme bon nombre des

---

[1] Extrait de l'intéressante brochure *Monsieur St-Jacques*, par M. Nicolaï, pp. 27-28; Bordeaux, Féret et fils, 1897.

[2] Cf. *Histoire de Notre-Dame du Mont-Serrat, avec description de l'Abbaye des Hermitages*, par le R. P. Dom Louis Montégut, petit in-18 de 194 pages; cité par M. Nicolaï dans *Monsieur St-Jacques*. — Plus anciennement déjà, en 1617, le P. Olivier, gardien de ce sanctuaire et pénitencier des Français sur cette montagne, avait donné l'*Histoire de l'abbaye et des miracles de Notre-Dame de Mont-Serrat*. Ne serait-ce pas à l'occasion de ce livre et par les soins

pèlerins de Santiago de Galicia se rendaient au fameux sanctuaire de la Catalogne, nous accompagnons ces pages d'une curieuse estampe fort rare de ce Pèlerinage, d'après un bois original. Les couplets des Chansons que nous étudions ici, et qu'on lira au bas de la dite gravure, en justifient la reproduction, comme ils prouvent le grand engouement des masses pour les pèlerinages.

Pareil mouvement devait inévitablement engendrer des abus; ils ne manquèrent pas, surtout à partir du XVIIe siècle. Mais pouvoirs civil et ecclésiastique interviennent d'un commun accord : de sages règlementations, qu'on publiait encore officiellement du haut des chaires paroissiales en 1738, arrêtent les faux pèlerins, les *coquillards*, qui, exploitant la crédulité publique, jetaient le discrédit sur les vrais *Senjacques*. Il ne fallut pas moins de deux déclarations ou Ordonnances royales, l'une de 1671, l'autre de 1686, pour mettre un terme à cet engouement abusif et règlementer les pèlerinages. Dans la dernière déclaration il était stipulé que : « Tous ceux qui voudront aller en pèlerinage à Saint-Jacques en Galice, Notre-Dame de Lorette et autres lieux saints, hors du royaume, seront tenus de se présenter devant leur évêque, pour être par luy examinez sur les moifs de leur voyage et de prendre de luy une attestation par écrit, outre laquelle ils retireront du lieutenant général du bailliage ou sénéchaussée dans lesquels ils feront leur demeure, ensemble des maires, échevins, jurats, consuls et syndics des communautés, des certificats contenant leur âge, qualités, etc... » Et tout cela sous les peines édictées par Louis XIV, au mois d'août 1671, à savoir : « peine de galères à perpétuité contre les hommes, et telles peines afflictives contre les femmes que les juges des lieux estimeront convenables[1]. » Tandis que la police signalait ces abus et demandait leur répression, la presse de l'époque stygmatisait les faux pèlerins et mettait en garde les populations et gens de bonne foi.

de ce religieux qu'aurait été exécutée la gravure dont nous parlons ci-après et qui est reproduite dans cette Étude? Le fait est que le P. Olivier et le sculpteur Raynaud sont tous deux *Toulousains*; que ce bois a bien les caractères du XVIIe siècle, époque du volume, et que ce bois, gravé à Toulouse et resté dans la plus ancienne imprimerie de notre région, la maison Forestié, était évidemment pour fournir aux pèlerins méridionaux l'Image de la dévotion si en honneur parmi eux, et que le P. Olivier devait favoriser à titre de *pénitencier* de ses compatriotes.

[1] On trouvera les preuves et détails de ces règlementations dans *Le pèlerinage à Compostelle*, pp. 111, 329-331. Cf aussi *Histoire du commerce et de la navigation à Bordeaux*, par Francisque Michel, t. I, pp. 522-524.

Ainsi un livret troyen très curieux et peu connu, signalé par M. Socard, et ayant pour titre : *L'istoire et le caractere de la malice et des fourberies de ceux qui courent le monde aux despens d'autruy*, en parle en ces termes dans le *targon ou langage de l'Argot réformé* : « Les Coqvillards sont les Pèlerins de Saint-Jacques, la plus grande part sont véritables et en viennent, mais il y en a aussi qui truchent sur le coqvillard et qui n'y furent jamais, et qu'il y a plus de dix ans qu'ils n'ont fait le pain bénit en leurs paroisses et ne peuvent trouver le chemin a retourner en leurs logis, ils ne flechent que floutière au grand Coësre[1]. » Fripons, voleurs, ivrognes, quelle engeance exemplaire et rassurante à travers les villes et sur les chemins plus ou moins bien gardés!

Jusque-là, à de rares exceptions près, ces pèlerinages isolés ou par caravanes, indépendamment des avantages spirituels pour l'individu, avaient été des sujets d'édification pour la société, souvent des moyens d'expiation et de réparation exemplaire[2].

✠

Que si, dans les expéditions contre les Maures, les armées s'entraînaient au chant de couplets patriotiques dont le *Santiago! Santiago!* était le refrain, dans le pèlerinage au tombeau de saint Jacques, les caravanes de pèlerins célébraient ses miracles par des hymnes et des cantiques. A ce sujet, il est peut-être bon de remarquer que de tout temps les expéditions militaires ou religieuses furent accompagnées de Chansons; mieux que cela, la *Chanson* populaire devança, prépara, accompagna ces expéditions, comme, au retour, elle en célébrait les victoires et les hauts faits. Il est même démontré, depuis surtout les savantes études de M. Léon Gautier sur *Les Épopées nationales*[3], que, dès l'origine, toute poésie vraiment populaire était à la fois religieuse et nationale. Ainsi la plus ancienne *Chanson*, non pas française,

[1] Le grand Coësre, *le roi de l'argot*, ou *le maître des gueux.* — Le livret cité ici par M. Socard dans les *Noëls et cantiques imprimés à Troyes depuis le XVIIe siècle*, précieuse réédition sur laquelle nous aurons à revenir, fut imprimé par Nicolas Gay, à Lyon, 1634, et était composé par un « piller (*maître*) de Boutanche qui maquille en molanche (*ouvrier en laine*) en la vergne (*ville*) de Tours. » Cf. Nisard, *Hist. des livres populaires.*

[2] Nous renvoyons encore le lecteur au volume dont ces pages sont le développement; il y verra la justification de ce simple énoncé.

[3] Paris, Victor Palmé, 5 vol. gr. in-8°.

mais des Français, qui nous soit restée est la Cantilène de saint Faron, chant du VIIe siècle célébrant la victoire de Clotaire II sur les Saxons. Les annales rapportent qu'elle fut chantée à pleine voix, *magna voci-feratione*, par tout le royaume, et que les femmes la redisaient en chœur et en battant des mains, *ita canentium feminæque choros inde plaudendo componebant* [1].

L'usage des *chansons* est effectivement une suite naturelle de la parole et n'est pas moins général : partout où l'on parle on chante. « Il n'a fallu pour imaginer les chansons que déployer ses organes, donner un tour agréable aux idées dont on aimait à s'occuper et fortifier par l'expression dont la voix est capable le sentiment qu'on voulait peindre. Aussi les anciens n'avaient-ils point encore l'art d'écrire, qu'ils avaient déjà les chansons [2]. » Serait-ce même trop hardi de dire que la première manifestation de la pensée par la parole a été, sinon chantée, du moins émise par des *tons* et des *sons* de voix tenant beaucoup plus du chant que du discours conversé?...

Cet enthousiasme, naturel et inné, à consacrer par des chants le merveilleux ou ce qu'on considère comme tel, devait trouver une mine féconde dans les *Vies* et les *Miracles* des saints. Aussi, après les Cantilènes (origine de la Chanson de geste et de l'Épopée), les Complaintes religieuses, vraies Cantilènes sur les héros de la religion et de la patrie, défrayèrent les esprits et les imaginations même les plus vulgaires et les moins cultivés. De là ces nombreuses poésies, ou proses plus ou moins rimées ou assonantes, retrouvées dans ce dernier siècle, et qui ne sont qu'une bien minime partie de ce qui se chantait populairement depuis au moins le VIIe siècle. Nous voyons Charlemagne écrire de sa main une collection d'hymnes nationaux et religieux, par lui

[1] *De Chlotario est canere rege Francorum*
Qui ivit pugnare in gentem Saxonum.
Quam graviter provenisset missis Saxonum
Si non fuisset inclytus Faro de gente Burgundionum...

Quando veniunt missi Saxonum in terram Francorum,
Faro ubi erat princeps,
Instinctu Dei transeunt per urbem Meldorum,
Ne interficiantur a rege Francorum...

On voit dans ces deux strophes que les vaincus envoyèrent à Clotaire des ambassadeurs qui auraient été certainement massacrés par le roi de France. si l'illustre Faron, d'origine Bourguignonne, ne les eût sauvés, et si Dieu ne leur avait inspiré de passer par la ville de Meaux, où commandait sans doute ce libérateur, inscrit au catalogue des Saints.

[2] Cf. Framery et Ginguené, *Encyclopédie méthodique*, vol. *Musique*, t. I.

recueillis auprès des vieillards qui les savaient par cœur. Et comme
ces chants volaient sur les lèvres de tout un peuple, sans que les clercs
eussent l'idée de les arrêter au passage, pour les fixer sur les parche-
mins, ce ne fut que très tard qu'on finit par en avoir quelques textes
écrits.

On aura une idée de ce qu'il fallut faire pour arriver à quelque résul-
tat, en voyant ce qu'un ministre de notre second Empire, M. Fortoul,
décréta pour la publication d'un *Recueil officiel* de toutes nos Chansons populaires. « Comment dut-on procéder, écrit le savant Léon
Gautier, pour saisir cette insaisissable poëme? On s'adressa aux insti-
tuteurs primaires, qui allèrent s'asseoir au foyer des vieux paysans, qui
les firent chanter, qui écrivirent tant bien que mal, sous leur dictée,
ces chants défigurés par dix siècles, mais d'une popularité encore
éclatante [1]. »

✠

Nous disions tout à l'heure ce qui en fut de cette transmission orale,
puis écrite, des Chansons toutes spéciales qui font la matière de cette
Étude; il n'est pas moins intéressant de savoir ce qu'elles étaient.

Le plus connu, le plus populaire des chants Jacopites, et que les
pèlerins de toute nation adaptaient à leur langue, était l'hymne attribuée au célèbre Aimery Picaud, l'auteur présumé du CODEX de Compostelle [2]. Ce cantique religieux débutait par cette strophe :

> *Ad honorem Regis summi.*
> *Qui condidit omnia,*
> *Venerantes jubilemus*
> *Jacobi magnalia [3].*

Tandis qu'en de nombreux couplets se déroulaient, sur ce rythme,
« la vie et les miracles » de l'apôtre proto-martyr, le refrain, repris en

[1] *Les Épopées françaises*, 1re partie, pp. 97-98, édit. 1865.

[2] *Codex a domno Papa Calixto primitus editus*, manuscrit conservé aux
archives du Chapitre cathédral de Compostelle, et dont la *Bibliothèque nationale de Paris* possède deux copies du XIIIe siècle. (*Mss. latins*, nos 3550 et
13775.) Le livre IV de ce CODEX a été publié pour la première fois par le
R. P. Fita, jésuite, avec le concours de M. Julien Vinson, professeur à
l'École nationale des langues orientales vivantes; Paris, Maisonneuve, in-8o
de 63 pages. Sur l'auteur de ce ms., voir notre *Pèlerinage à Compostelle*.
pp. 100, 132-133.

[3] Sur cette poésie et son auteur, voir *Hist. littéraire de la France*, t. XXI,
pp. 276-277, et *Le pèlerinage*, pp. 100 et 186.

chœur, rappelait les chants patriotiques et religieux des guerres
saintes. Surtout quand les caravanes nombreuses étaient dirigées par
des prêtres, des moines ou des ermites, l'enthousiasme débordait
non-seulement parmi ceux qui cheminaient vers Santiago de Compostelle, mais encore au milieu des populations, qui bénissaient leur
passage. De part et d'autre on se renvoyait ce chevaleresque refrain :

Fiat, amen; alleluya
Dicamus solemniter;
E ultreja, e sus eja
Decantemus jugiter.

Ce qui signifiait : « Allons, *amen;* disons solennellement *alleluia,*
et ne cessons de chanter : En avant! et toujours en avant! » — Puis,
dit un des chansonniers, la « dévote Oraison à S. Jacques » étant
récitée,

Parmi les monts et prairie.
Nous chantions la Litanie
Ou quelque bonne Chanson.

Ces Chansons se transmirent d'abord oralement. Sur le ton d'un réci-
tatif ou de cantilène trainarde, on allait débitant ces couplets, que
défaut de mémoire et mauvaises versions défigurèrent tellement qu'ils
finirent par devenir méconnaissables.

Avec le temps, les plus lettrés d'entre les pèlerins brodent des
variantes sur le thème primitif. Encouragés, de pauvres rimailleurs s'y
mettent à leur tour; et, sans souci de l'art, ils délayent ou amplifient
les strophes, amputent ou allongent les vers. Aussi lorsque, plus tard,
on réunira dans des feuilles ou livrets à l'usage des pèlerins ces pré-
tendues poésies, on se trouvera en face de redites, de déplorables
contrefaçons, de mesures inégales, de fautes prosodiques, de licences
inouïes en fait de rime et de métrique.

« Œuvre de pèlerins inconnus ou de poètes populaires plus remplis
de foi que de science poétique, » comme le dit M. Socard[1], ces soi-
disant poésies sont sans valeur : souvent la rime même fait défaut, et
le sentiment y est aussi nul que l'imagination. Rares y sont les traits
d'originalité qui caractérisèrent et ont consacré telles chansons populaires, par exemple : *Joseph vendu par ses frères, Madeleine au
désert, etc...* Tout au plus, entre les neuf cantiques dont nous reproduisons les textes, quelques strophes ont-elles quelques vers passables

[1] Cf. *Noëls et Cantiques.*

ou quelque pensée un peu plus saillante, notamment dans la *Chanson* dite « *du devoir des Pèlerins.* » Tout le reste est on ne peut plus faible, à tous les points de vue.

A proprement parler, les *Chansons* dites *de St-Jacques* ne sont guère que des rhapsodies dans le vrai sens du mot : un ramas de prose plus ou moins rimée ou de versification quelconque, bon pour distraire les pèlerins le long du chemin, attirer les braves gens sur leur passage et solliciter honnêtement l'aumône. Ce sont simplement des complaintes de colporteur, des rimailles (et encore!) bonnes à être chantées dans les veillées de villages. Tellement, qu'après avoir apprécié « la poésie plus que singulière à l'usage des chanteurs de carrefour du dernier siècle, » M. Socard ajoute : « le lecteur pourra juger si les complaintes adressées à S. Jacques sont de meilleur aloi... Il faut les lire pour en savourer à l'aise la bizarrerie originale. » (*Op. cit.*, p. 75.)

Nous savons bien qu'en beaucoup de Chansons, même dans les vraies Chansons de geste, voire dans celle de *Roland*, les vers ne sont pas régulièrement assujétis à la rime, mais seulement à l'assonance, comme dans certains vers espagnols. La rime assonante consiste dans l'accord entre voyelles, abstraction faite des consonnes; ainsi dans ce vieux couplet rapporté par Molière :

> Si le roi m'avait donné—é
> Paris, sa grand'ville—i—e
> Et qu'il m'eût fallu quitter—é
> L'amour de ma mie—i—e.

Nos chansonniers-pèlerins ont largement usé et abusé de cette licence des rimes ou plutôt des syllabes finales assonantes. Ainsi nous les entendrons faire rimer *France* avec *mère*, *désir* avec *marris*, *adresse* avec *bien aise*... Nous en passons, et des meilleures (c'est-à-dire de plus mauvaises), que le lecteur appréciera, en reconnaissant que dans la plupart de ces compositions la rime ne gênait pas plus que la mesure du vers. Il suffisait à nos chantres d'avoir une certaine cadence allant plus ou moins avec tel air de convention, sauf même à le défigurer. Et ce qui était pratiqué par nos chansonniers de St-Jacques ne l'était pas moins par tous autres rimeurs de sujets religieux. Témoin certaine Cantilène, que M. Paulin Paris dit avoir entendu chanter dans son enfance, qui débutait par ces vers :

> Sainte Catherine était fille d'un roi,
> Son père était païen, sa mère ne l'estoit...

Certes, par ces appréciations, nous ne voudrions pas médire de ces naïvetés de « paouvres pellerins, » certainement bien intentionnés ; nous ne voudrions pas nous attirer le reproche de tel poète du XIIͤ siècle, Quesne de Béthune, disant :

Mon langage ont blasmé les Franceis
Et mes chansons ;

mais, avec le censeur de l'*Art poétique*, nous pensons qu'

Il faut, même en chansons, du bon sens et de l'art.

Dans celles de nos pèlerins, il y a de la bonhomie ; c'est tout. Et cette bonhomie suffisait à attirer les foules, comme se plaît à le constater un des chantres parlant de l'effet qu'ils produisirent en traversant la ville de Léon, en Castille :

Les hommes, femmes et filles
De toutes parts nous suivoient
Pour entendre la mélodie
De ces bons pèlerins françois.

Des Castillans pouvaient se contenter de pareilles rimes, plus ou moins assonantes, mais .. nous préférons croire que, même des Espagnols étaient attirés plutôt par l'*air* que par la *chanson*, puisque, dit le poète : on les suivoit « pour entendre *la mélodie*. »

⚜

Ces réserves faites, il faut néanmoins reconnaître divers avantages et même quelque utilité à l'ensemble des Chansons. Elles fournissaient aux pèlerins futurs des données précieuses, des renseignements topographiques sur les contrées à parcourir, des indications pratiques sur les choses de nécessité ou d'utilité, telles que les provisions à faire, les objets à emporter avec soi, les dangers à éviter, les précautions à prendre, etc., etc... De nos jours encore on y recueille des observations de quelque intérêt, des détails typiques qui parfois ne manquent ni de saveur ni de piquant. Enfin, ce qui vaut encore mieux, ce sont les *Itinéraires* qu'on peut reconstituer à l'aide des divers couplets signalant les voies à prendre, les villes à voir, les particularités propres à telles localités, des épisodes qui se renouvellaient fréquemment... Par là on pouvait soit se prémunir, soit faire son profit de telles appréciations, indications, etc., etc...

Sous ces rapports, les *Chansons des Pèlerins de Saint-Jacques* ont de l'intérêt; aussi faut-il savoir gré qu'on ait eu la bonne pensée, à partir du XVIIe siècle (peut-être même antérieurement), de réunir quelques-unes de ces pièces dans des livrets, pancartes, manuels ou images à l'usage des pèlerins. Dévotion, enthousiasme, besoin poussant les foules vers Compostelle, il fallait bien mettre à leur disposition des *guides* et tous autres objets utiles et pratiques. L'industrie et le commerce, devant y trouver leur avantage, secondèrent les désirs des pèlerins *effectifs* qui s'enrôlaient dans les Confréries de Saint-Jacques, dont un des Statuts [1] portait obligation *sine quâ non* d'effectuer le pèlerinage à Santiago, tombeau du saint Patron.

De là ces Recueils populaires au papier grossier, à l'impression défectueuse et fautive; cette Imagerie à couleurs criardes: ces Enluminures qui, peu à peu, devinrent la spécialité de certains ateliers, comme, par exemple, à Épinal; ces rudiments de Catalogues ou Itinéraires pour le parcours des chemins vers Rome, Compostelle et les Saints-Lieux: ces Manuels de Cantiques, dont la fameuse *Bibliothèque bleue* des imprimeurs de Troyes paraît avoir été le centre. En un mot, rien ne manquait à *l'article pèlerin*, à *l'article Saint-Jacques*. M. Alexis Socard pense que, « dans tous les temps, la ville de Troyes dut servir de point de ralliement aux pèlerins qui s'y assemblaient en caravane, et qu'ils s'y fournissaient de cantiques à chanter pendant le voyage. » Par le spécimen original, que nous donnons de la Carte-image de Montserrat, on voit cependant que le Midi avait aussi ses fournisseurs pour les roumieux et le colportage.

Que si dans ces feuillets, sur ces images encadrées des prières et des cantiques en l'honneur du Saint, les pèlerins avaient les textes qu'ils allaient récitant ou chantant sur leur route, en montrant tantôt des reliques, tantôt des statuettes et autres souvenirs des sanctuaires de pèlerinage, par la vente de ces objets ils se créaient aussi des ressources pour leur voyage. Ce commerce, joint à celui que les colporteurs-imagiers faisaient au profit de leurs patrons, étendait et la renommée des lieux de dévotion et la connaissance des chants consacrés à l'honneur des saints qu'on célébrait le plus populairement. Ces enluminures tapageuses pénétraient dans les maisons, dont-elles décoraient les murailles à titre d'objet de piété, de vrai tableau religieux; puis enfants, vieillards, toute la maisonnée, ne tardaient pas à répéter, plus ou moins heureusement, les *Airs* que les passants leur livraient avec des variantes

---

[1] Entre autres, ceux des Pèlerins de Moissac; cf. *Pèlerinage.* pp. 19, 55.

et des fioritures plus ou moins artistiques. Ces gens « qui vendaient les Complaintes, et que l'on appelait *Revenants de Saint-Jacques*, sont des races aujourd'hui complètement disparues. Ces industriels de carrefour ont emporté avec eux la tradition des airs lamentables. Ils ont aussi emporté le secret de cette poésie barbare et bizarre, où, avec un sans-gêne remarquable, ils écorchaient toujours la rime et souvent la raison. Ils ont emporté la recette de leur façon de psalmodier avec des larmes dans la voix [1]. » Mais, grâce à ces pauvres poètes et à ces piètres chanteurs, se sont conservés, tout en se dénaturant, les *textes* et les *airs* des Chansons de pèlerins.

Quelques-uns de ces chants, ou plus exactement un seul d'entre eux paraît avoir été composé *ad hoc*. Aussi quand, plus tard, vu sa popularité, sa diffusion, cet air fut adapté à divers chants religieux ou profanes, on eut soin de noter le timbre de ces derniers sous la rubrique : « *air des Pèlerins* » ou « *air de Saint-Jacques*. » Pour les autres *Chansons* des roumieux, elles paraissent avoir été mises sur des *airs connus*, généralement des airs profanes, dont la plupart étaient même adaptés à des paroles parfois bien lestes et à des sujets fort libres. Rien de moins compréhensible que des chants mystiques mis sur des airs de Pont-Neuf, dont les titres ou timbres seuls forment un contraste souvent fort ridicule avec des paroles parodiées sur ces mêmes airs. Ainsi, par exemple, dans *La pieuse Alouette avec son tirelire*, faisant le pendant de certain Recueil dit des *Rossignols spirituels*, dont nous aurons à parler, on trouve sur l'air :

J'aimerai toujours le bon vin...

le pieux cantique qui commence par :

J'aimerai toujours mon Jésus, etc.

Nous ne nous étendons pas davantage sur cette question des *Airs* et de leur *Notation*, puisque, à l'article suivant, dans l'étude de chacune des *Chansons*, on va trouver les explications utiles avec des *notes historico-critiques* accompagnant chacun des morceaux. Et afin qu'on ait un tout complet, — et qu'on trouverait difficilement, — nous donnerons, dans leur texte intégral, tous les couplets connus de chaque Chanson.

[1] Cf. *Noëls et cantiques*, p. 68.

SECONDE PARTIE

TEXTES ET NOTATIONS DES CHANSONS

AVEC NOTES HISTORICO-CRITIQUES

———

RÉÉDITÉS en partie par M. Alexis Socard, dans les *Noëls et Cantiques imprimés à Troyes depuis le XVIIᵉ siècle jusqu'à nos jours*[1], les chants, qui nous intéressent, sont extraits d'un Manuel de 48 pages in-24 ayant pour titre : *Les Chansons des pèlerins de Saint-Jacques.*

Cette plaquette porte au frontispice une petite vignette représentant un pèlerin en marche et au-dessous : *S'imprime à Compostelle;* dix planches, aussi naïves que cette première et également sur bois, sont intercallées dans le texte de chaque Chanson et à chaque partie du livret[2]. Sur la dernière page cette approbation : « J'ai lu le présent

---

[1] A Paris, chez Aug. Aubry, éditeur; *avec les notes bibliographiques et biographiques sur les imprimeurs troyens. Ouvrage orné de 20 gravures originales, avec la musique de plusieurs airs;* broch. de 136 p. plus une planche hors texte.

[2] Voici la composition de ce livret d'après le résumé pris à la Bibliothèque nationale :

Page 2. La grande Chanson des Pèlerins de St-Jacques : *Quand nous partîmes de France — En grand désir.* — P. 9. Autre Chanson des pèlerins de St-Jacques : *Quand nous partîmes, pour aller à Saint-Jacques.* — P. 16. Chanson du devoir des pèlerins, sur l'air : OR SUS, PEUPLE DE FRANCE; *Pour à Dieu satisfaire — Des maux que j'ai commis.* — P. 23. Histoire arrivée à deux pèlerins, sur le chant : DE LA BOISTE : *Au nom du Seigneur souverain, — Secourez ces deux pèlerins.* — P. 27. Sur un gentilhomme qui a fait le voyage de St-Jacques et s'est rendu pèlerin, sur le chant : RÉVEILLEZ-VOUS BELLE DORMEUSE; *Puisque le monde je quitte — Pour vivre au ciel heureusement.* — P. 35. Oraison. — P. 36. Mémoire des Saintes reliques qui sont en l'église de Compostelle. — P. 40. Mémoire des Reliques qui furent apportées par le roi don Alphonse III. — P. 42. Chemin de Paris à Saint-Jacques le Grand. (Cette partie comprend un itinéraire très complet qui se termine par cette remarque : de Paris à S.-Jacques, 340 lieues.) — P. 47. La vie et les miracles de S. Jacques le Majeur, apôtre. — P. 48. Approbation (relatée ci-dessus).

Livret, dont on peut permettre l'impression, vu l'ancienneté de la composition. A Troyes, ce 7 août 1718. GROSLEY, *av.* » Antérieurement on avait fait une édition avec la mention : *sur l'imprimé à Compostel*, et approbation signée GRAND, sans la permission d'usage ; les gravures en sont encore plus archaïques, pour ne pas dire d'un faire plus barbare.

Grâce à la réimpression due à M. Socard, mais limitée à 200 exemplaires, grâce aussi à la réédition de certains de ces chants dans le *Monsieur Saint-Jacques*, enfin vu les citations presque *in extenso* qu'on en trouve dans notre *Pèlerinage à Compostelle*, ces CHANSONS, y compris celles que nous avons reproduites d'après les *Rossignols spirituels, de 1616*[1], et d'après *Le Chemin de Tolose, 1650*[2], seront moins exposées à tomber dans l'oubli.

Mais ce qui est totalement dans l'oubli, ce sont les *Airs* signalés en tête de la plupart de ces pièces. Très populaires évidemment aux époques où furent composées les Chansons, on ne connaissait aujourd'hui que l'énoncé de leurs timbres. Impossible surtout, au dire des hommes les plus compétents, de mettre la main sur la notation musicale. Un maître dont l'autorité est aussi incontestée que l'obligeance, le bibliothécaire de l'Opéra et célèbre compositeur, M. Weckerlin, nous écrivait à la date du 11 novembre 1897 : « Les différentes Chansons ont précisément pour timbres ceux que vous indiquez, *malheureusement ces airs n'ont pas été conservés par l'impression.* » De son côté, M. le chanoine Stephen Morelot, dont la réputation en matière de critique et d'érudition musicale est si bien fondée, après nous avoir déclaré « qu'en fait de Chansons, l'homme compétent par excellence, c'est M. Weckerlin, » ajoutait « là où il ne trouve pas de réponse à ce qu'on lui demande, il y a peu de chances à ce que d'autres soient plus heureux. »

Sans nous laisser décourager par ces réponses, pourtant si catégoriques, nous avons poursuivi nos recherches ; et, grâce à de précieux

---

[1] *Les Rossignols spirituels liguez en duo, dont les meilleurs accords, nommément le bas, relèvent du seigneur Pierre Philippes, organiste de ses Altèzes Serenissimes ;* à Valenciennes, 1616, de l'imprimerie de J. Veruliet. — Nous dirons un mot de ce recueil lorsque nous reproduirons la chanson qui nous intéresse.

[2] *Le Chemin de Tolose à Saint-Jacques de Compostelle en Galice.* A Tolose, de l'imprimerie de P. d'Estey, à l'enseigne de *La Presse d'Or*, près le Collège de Foix, 1650 ; petit in-8° de huit feuillets. — Ci-après on trouvera quelques détails sur cette plaquette.

concours, nous pouvons donner ici la musique de plusieurs de ces chants[1]. Observons que même le Recueil de M. Socard, portant « la musique de plusieurs airs » de Cantiques et Noëls, n'en donne aucune pour les Chansons dont il reproduit les paroles.

Ici nous faisons précéder chaque notation[2] de quelques explications tant sur la provenance que sur certaines particularités plus intéressantes, soit pour les textes soit pour les mélodies. Les strophes intégrales de chaque Chanson suivront aussi le premier couplet mis en musique.

———————

I

LA GRANDE CHANSON DES PÈLERINS
ou Cantique Spirituel.

Voici un des cantiques des pèlerins qui a eu l'honneur de l'enluminure. Non seulement le texte en a été conservé dans le *Recueil* déjà signalé, comme imprimé à *Compostel* et réimprimé à *Troyes* en 1718, mais encore il fait partie d'une collection d'estampes publiées par M. Nicolaï dans son livre précédemment cité sur Mr Saint-Jacques. Cette estampe, dont on voit une réduction photographique au dit volume[3], mesure 0,35 de hauteur sur 0,32 de large. « Trois couleurs aux teintes fanées que l'on ne rendrait plus l'enluminent : bleu, jaune, vieux rouge sur blanc et noir. » L'image est encadrée à droite et à gauche par le *Cantique spirituel*, ou Complainte à saint Jacques ; au bas est la dévote *Oraison*. Le saint placé au centre, debout, « est

_____

[1] Ces intéressantes communications sur la notation, les paroles, les sources et adaptations des chants, nous ont été faites par MM. le chanoine Morelot, de Dijon, collaborateur de feu Danjou à la *Revue de musique religieuse*, de la *Musica sacra*, de l'Académie de Ste-Cécile à Venise, etc.; le chanoine Jaspar, de Lille, ancien doyen de Saint-Jacques de Douai ; l'abbé Dubarat, aumônier du Lycée de Pau ; Camille Gardelle, architecte et musicien ; le R. P. Dom Antoine Dubourg, bénédictin de la maison de Paris ; le P. Dospital, professeur à N.-D. de Bétharram (Basses-Pyrénées).

[2] Notre excellent confrère M. le chanoine Contenson, maître de chapelle et organiste de la Cathédrale de Montauban, rédacteur des *Mélodies sacrées*, a bien voulu surveiller l'impression de cette musique.

[3] *Monsieur St-Jacques*, Planche 1, p. 169.

vêtu d'un grand manteau bleu doublé en jaune, jeté sur une robe
monacale flammée de rouge par places; ses pieds sont déchaux avec
une simple semelle retenue par des liens au-dessus des chevilles. » Il
a la tête coiffée d'un grand chapeau de feutre (ou cuir) noir, dont les
ailes sont relevées en visière sur la partie frontale, visière qui est
ornée d'une coquille de pèlerin, accostée de deux bourdons posés en
sautoir, et que M. Nicolaï qualifie « clous ou croix de S. André; »
pour nous, nous y voyons le bourdon, insigne qui, avec la coquille et
telles autres amulettes, constituait le chapeau *enfalotté*, ainsi que
nous l'avons démontré dans « *Le Pèlerinage à Compostelle*[1]. »
Le saint de notre estampe-cantique tient de la main droite le bourdon
appuyé à terre et sommé d'une gourde à deux renflements, tandis que
sur la main gauche repose un livre ouvert. A ses pieds sont agenouillés, à droite et à gauche, deux pèlerins, nu-tête, dans la posture de
la supplication. En haut de la planche deux motifs accessoires, posés à
droite et à gauche de la tête du saint, rappellent le fameux miracle (?)
de la résurrection d'un pendu arrivé dans la ville de *San Domingo
de la Calsada*, sur le chemin de Compostelle, et que plusieurs attribuent au saint de ce nom[2]. M. Nicolaï décrit ainsi la scène de l'estampe :
« Un pèlerin et sa femme passant au devant d'une chapelle font un
geste de surprise en apercevant en face d'eux un pendu dont le corps
se balance au gibet; la hart passée autour du col lie également les
mains sur le devant; un gros coq est perché sur le bas de la potence;
comme accessoire, sur le côté, une échelle est appliquée[3]. »

C'est à toutes ces scènes de petite valeur artistique, que le texte de
la *Chanson* imprimé comme simple prose, sert de cadre. On en lira
les dix-sept strophes et le refrain à la suite du premier couplet joint
à la musique, *Air n° 1*. Relativement à cet *Air* voici ce que nous
croyons plus intéressant à consigner.

« Par une bonne rare fortune, dit M. Nicolaï, l'air de la *Grande
Chanson* ne sera pas perdu. M. Adrien Lavergne l'a noté à notre
intention, et pour cela il a dû s'adresser aux souvenirs d'un chantre du
Gers. Il ne lui a point chanté notre cantique mais un vieux Noël
composé au siècle dernier avec beaucoup d'autres par l'abbé Dandichon
et dont l'air était celui de la *Chanson des pèlerins de Saint-
Jacques*[4]. »

[1] Voir pp. 60-61
[2] *Le Pèlerinage à Compostelle*, pp. 207-210.
[3] *Monsieur St-Jacques*, p. 2.
[4] *Monsieur St-Jacques*, p. 151, note A, et la notation, p. 160

Autant donc que la mémoire et l'art peuvent aider au chantre ou
ménétrier, l'*Air des pèlerins* adapté à un Noël a été retranscrit dans
le volume *Monsieur Saint-Jacques*. Mais cette notation diffère nota-
blement de celle que nous avons fini par découvrir, et que le célèbre
chanteur Lamazou a publiée dans un Recueil aussi précieux que rare[1].
Cette notation, que nous donnons au n° I bis de la planche de musique ci-après, est la reproduction même du Noël de l'abbé d'Andichon, avec la première strophe de ce cantique[2]. Tout en la reproduisant
nous l'accompagnerons des réserves et observations critiques à nous
communiquées par M. le chanoine Morelot.

Observons que le Noël dit de d'Andichon a été introduit, harmonisé
en divers recueils, avec de nombreuses variantes, notamment dans les
Noëls anciens du R. P. Dom Legeay, bénédictin de l'abbaye de So-
lesmes. Auparavant le savant harmonisateur, M. Stephen Morelot, avait
arrangé cet air pour orgue, sans connaître le texte de la *Chanson
des Pèlerins* qui s'accommode parfaitement de sa leçon, moyennant
une élision ou suppression à la première syllabe du 3ᵐᵉ vers, vu sa
notation en rythme bi-ternaire.

Quant à la notation transcrite par Mᵐᵉ Lavergne, d'après un air
chanté sans doute d'une manière fantaisiste ou infidèle, elle ne concorde

---

[1] *20 Noëls français sur des airs béarnais et basques*, par M. Henri D'Andichon, archiprêtre de Lembège, diocèse de Lescar (Basses-Pyrénées), année
1756. — Recueillis, chantés et publiés par Pascal Lamazou, avec accompagnement de piano par D.-F.-E. Auber, Ad. Barthe, Jules Cohen, Félicien
David, Ch. Gounod, Ch. Poisot, Hector Salomon, Jules Schulhoff, T.-D.-A.
Tellefsen, Amédée Van den Heuvel, J.-B. Weckerlin. — Précédés d'une
préface par Gustave Chouquet. — Paris, chez Pascal Lamazou, 14, rue Taitbout.
En dépôt chez Durand-Schœnewerk et Cⁱᵉ, éditeurs de musique, 4, place de
la Madeleine ; à Pau, chez P. Lamazou, etc., 1873. — Le Noël dont il est
ici question porte le n° 12, dans le recueil, p. 34, et est écrit avec accompagnement pour piano par Ch. Gounod.

[2] Ce Noël porte le n° LIII, p. 86, dans l'édition rarissime, ainsi titrée :
*Noëls | choisis | corrigés et nouvellement | composés sur les Airs les plus
agréables | les plus connus | et les plus en vogue | dans la Province du Béarn |
par Henri d'Andichon, ci-devant | curé d'Aucamville, diocèse de Toulouse | et
ensuite archiprêtre de Lembège, diocèse de Lescar, prieur de Saint-Martin |
de Maucour, diocèse d'Agen | A Toulouse | de l'Imprimerie d'Augustin Henault |
avec permission.* — Sans date, in-32 de 96 pages ; possédé par M. l'abbé
Dubarat, qui a eu l'obligeante amabilité de le mettre à notre disposition.
— Une nouvelle édition de ces *Noëls* fut donnée en 1857 à Bagnères-de-
Bigorre, chez Dassun, imprimeur, place Napoléon ; in-18 de 96 pages.
Là, notre Noël se trouve le XIXᵉ, au 36ᵐᵉ feuillet.

que d'une façon très imparfaite avec les paroles de la *vraie chanson*, les rimes étant interpolées, tandis que les divers membres de phrase de la mélodie conservent un rythme très régulier. Il est donc évident que, soit cet air retranscrit de mémoire dans le *Monsieur Saint-Jacques*, soit la notation empruntée à l'abbé d'Andichon par Lamazon ne sont que des réminiscences et des adaptations plus ou moins rigoureuses et exactes.

Nous en avons eu la preuve en rapprochant l'*air sans paroles*, publié par M. l'abbé Morelot, de la *notation avec paroles* que le P. Dospital a bien voulu transcrire à notre intention, d'après le chant exécuté devant lui par un pèlerin de Compostelle plus qu'octogénaire, lequel a même fourni les couplets[1] propres à la *Confrérie des pèlerins de St-Jacques de la paroisse d'Asson* (Basses-Pyrénées), où ce vieillard vit encore.

C'est donc cette notation avec de légères modifications, basées sur

[1] Voici les deux premières strophes, dont on pourra comparer 'a variante avec celle de la *vraie Chanson*. A l'église d'Asson on chantait, au départ :

Nous allons partir à S.-Jacques	Vierge sainte, soyez propice
Dans un moment,	A notre vœu.
Aller visiter les reliques	Et servez-nous de protectrice
En pénitents.	Auprès de Dieu.
Pour réclamer sa protection	Soyez notre consolation
Et sa confiance :	Et notre Mère ;
Auprès de son tombeau sacré	Guidez nos pas dans tous les lieux.
Nous ferons la demande.	Tant par mer que par terre.

Par les strophes suivantes, on jugera du mode dans lequel, au départ et au retour, les pèlerins d'Asson chantaient le cantique. En quittant le village :

Avant de partir, nos chers frères,
Nous demandons
De votre part un peu de prière,
A l'intention
Que nous puissions tous arriver
A Compostelle,
Toujours dans la grâce de Dieu
Et de sa sainte Mère.

Au retour, ils rappelaient un épisode plus saillant :

Quand nous fûmes au pont qui tremble,	
Gens étonnés,	REFRAIN
De nous voir une troupe ensemble,	
Bien exposés,	Prions Dieu, la Vierge Marie
Voyant les ondes de la mer	Et son fils Jésus,
En grand'furie,	Qu'il lui plaise de nous donner
Dont l'écho nous faisait trembler	Sa sainte grâce,
Et craindre pour la vie.	Qu'en paradis nous puissions voir
	Le bienheureux Saint-Jacques.

les observations de M. Morelot à propos des mille transformations par lesquelles les pèlerins ont fait passer ces airs, que nous reproduisons au n° 1, comme *Air* de la GRANDE CHANSON. Un des caractères de l'ancienneté de cet air est surtout l'absence de la sensible *fa* : dans le ton de *sol* mineur : ce qui donne à ce chant une naïveté et une grâce ravissantes. Néanmoins, observe M. Morelot, on peut introduire le *dièze*, ce genre d'altération, fort anciennement pratiqué, étant précisément le fait de la tradition populaire [1]. Mais, quoique moins artistique, nous croyons devoir adopter la version qui paraît être restée la plus populaire.

M. Moura, le vieillard-pèlerin qui a redit cet air, fait observer qu'on le chantait sans refrain. Les couplets se succédaient indéfiniment ; parfois, à seule fin de rompre la monotonie, on intercalait aux deux derniers vers une variante qui n'est plus dans la tonalité, du moins telle que l'a chantée ce pèlerin ; aussi nous nous dispensons de la retranscrire. D'autre fois, dit le même témoin, on entremêlait à ces strophes un chant des Litanies ; indication qui concorde avec le renseignement de la Chanson dite des *Rossignols* (strophe 9) :

> Parmi les monts et prairie,
> Nous chantions la Litanie.

Sans doute, ces Litanies, que le pèlerin d'Asson dit de la Sainte Vierge, étaient celles que nous avons indiquées comme chant de marche des caravanes : « *Audi nos Christe...* et le : *Fiat amen; alleluya; E ultreja, e sus eja* [2]. » Il paraît toutefois, ainsi qu'on l'a rapporté à M. l'abbé Dubarat, qu'il « y avait dans le pays Basque des Litanies de St-Jacques que les pèlerins récitaient et chantaient en mendiant. » Peut-être était-ce quelques-unes de ces Litanies qu'on trouve à la fin des couplets de certain Noël donné dans le Recueil de M. Socard. Cet éditeur dit ce noël « très populaire sous le nom des *Grâces*, a fait partie des éditions des Oudot depuis 1681, et qu'on chante encore dans certaines localités de la Côte-d'Or, de la Haute-Marne et de l'Aube, à la fin des repas de noces et de baptèmes (pp. 41-42) ; » et où, dans maintes fêtes de village, « les jeunes gens n'obtenaient permission de quitter la table pour la danse qu'après l'audition entière du Noël chanté par une seule voix, et du refrain par toute l'assistance

---

[1] Voir le livre du Dr Jacobsthal : *Die chromastiche alteration in liturgischen gesang.*

[2] *Le Pèlerinage à Compostelle*, pp. 147, 187 ; et ci-avant p. 10.

(p. 44). » Ce refrain était précisément : *Alleluya, Alleluya,* — *Kyrie, Christe* — *Kyrie eleison;* et ces deux dernières invocations étaient bissées.

AIR N° 1

et couplets de la « Grande Chanson »

Andante. — 1er mode du plain-chant transposé.

Quand nous par - tî - mes de Fran - ce
En grand dé - sir, Nous a-vons quit- té père et
mè - re Trist' et mar - ris: Au cœur a-vions si
grand dé - sir D'al-ler à Saint- Jac - ques,
A vous quit - tés tous nos plai - sirs Pour faire ce vo - ya - ge.

REFRAIN [1]
Nous prions la Vierge Marie,
Son fils Jésus,
Qu'il plaise nous donner
Sa sainte grâce.
Qu'en Paradis nous puissions voir
Dieu et M. Saint-Jacques.

[1] Dans aucune des notations on n'a jamais donné la musique de ce Refrain. — On trouvera dans *Le Pèlerinage* les renseignements sur les localités désignées par les chansons.

2

Quand nous fûmes en la Saintonge,
    Hélas ! mon Dieu ;
Nous ne trouvâmes point d'églises,
    Pour prier Dieu ;
Les Huguenots les ont rompues
    Par leur malice,
C'est en dépit de Jésus-Christ
    Et la Vierge Marie.

3

Quand nous fûmes au port de Blaye,
    Près de Bordeaux
Nous entrâmes dedans la barque
    Pour passer l'eau.
Il y a bien sept lieues par eau.
    Bonnes me semble,
Marinier passe promptement
    De peur de la tourmente.

4

Quand nous fûmes dedans les Landes
    Bien étonnés,
Avions de l'eau jusqu'à mi-jambes
    De tous côtés ;
Compagnons nous faut cheminer
    En grandes journées
Pour nous tirer de ce pays
    De si grandes rosées.

5

Quand nous fûmes à Bayonne,
    Loin du pays,
Nous fallut changer nos couronnes[1]
    En fleurs de lys ;
C'était pour passer le pays
    De la Biscaye.
C'était un pays rude à passer
    Qui n'entend le langage.

6

Quand nous fûmes à Sainte-Marie (Irun).
    Hélas ! mon Dieu !
Je regrettois la noble France,
    De tout mon cœur ;
Et j'avais un si grand désir
    D'être auprès,
Aussi de tous mes grands amis,
    Dont j'en suis en malaise.

7

Quand nous fûmes à la montagne
    Saint-Adrien,
Au cœur me vient une pensée
    De mes parens ;
Et quand ce vient au départir
    De cette ville,
Sans dire adieu à nos amis,
    Fîmes à notre guise ;

8

Entre Peuple et Victoire (2 villes)
    Fûmes joyeux
De voir sortir des montagnes
    Si grande odeur.
De voir le romarin fleurir,
    Thym et lavande,
Rendîmes grâces à Jésus-Christ
    Lui chantâmes louanges.

9

Quand nous fûmes à Saint-Dominique.
    Hélas ! mon Dieu,
Nous entrâmes dedans l'église
    Pour prier Dieu ;
Le miracle du pèlerin,
    Par notre adresse ;
Avons ouï le coq chanter,
    Dont nous fûmes bien aise,

10

Quand nous fûmes à Burgue, en Espagne,
    Hélas ! mon Dieu,
Nous entrâmes dedans l'église
    Pour prier Dieu,
Les Augustins nous ont montré
    Un grand miracle,
De voir le Crucifix suer.
    Rien de plus véritable.

11

Quand nous fûmes dedans la ville
    Nommée Léon,
Nous chantâmes tous ensemble
    Cette chanson ;
Les dames sortoient des maisons
    En abondance.
Pour voir chanter les pèlerins,
    Les enfants de la France.

---

[1] Le change des monnaies à la frontière. — Cf. *Le Pèlerinage*, pp. 180-181.

12

Quand nous fûmes hors de la ville,
  Près de Saint-Marc,
Nous nous assîmes tous ensemble
  Près d'une Croix.
Il y a un chemin à droite
  Et l'autre à gauche:
L'un mène à Saint-Salvateur (*Oriédo*),
  L'autre à Monsieur Saint-Jacques.

13

Quand nous fîmes au Mont-Etuves.
  Avions grand froid,
Ressentîmes si grande froidure,
  Que j'en tremblois.
A Saint-Salvateur sommes allés ;
  Par notre adresse,
Les reliques nous ont montré,
  Dont nous portons la lettre.

14

Quand nous fûmes au Pont qui tremble.
  Bien étonnés,
De nous voir entre deux montagnes
  Si oppressés,
D'ouïr les ondes de la mer
  En grande tourmente;
Compagnons nous faut cheminer
  Sans faire demeurance.

15

Quand nous fûmes dans la Galice,
  A Rivedieu,
On voulait nous mettre aux Galères,
  Jeunes et vieux;
Mais nous nous sommes défendus
  De notre langue.
Avons dit qu'étions Espagnols,
  Et nous sommes de France.

16

Quand nous fûmes à Montjoie.
  Fûmes joyeux,
De voir une si belle église
  En ce saint lieu,
Du glorieux ami de Dieu,
  Monsieur Saint-Jacques,
Qui nous a tous préservés
  Durant ce saint voyage.

17

Quand nous fûmes à Saint-Jacques,
  Grâce à Dieu,
Nous entrâmes dedans l'église
  Pour prier Dieu.
Aussi ce glorieux martyr,
  Monsieur Saint-Jacques,
Qu'au pays puissions retourner
  Et faire bon voyage.

AIR N° 1 bis

Adapté à un Noël (d'Andichon)

Andante maestoso

Nous som — mes trois Sou -ve -rains prin - ces

De l'O - ri — ent, Qui vo - ya - geons de nos pro -

vin - ces En Oc - ci - dent, Pour sa - lu -

er A sa nais - san - ce Le Roi des Rois,

Et re - ce - voir de son en - fan - ce

Ses bel - les lois.

On trouvera la suite des versets du Noël de l'abbé Dandichon soit dans le Recueil même signalé ci-avant, p. 19, notes 1 et 2, soit dans les *Noëls anciens* du R. P. Dom Legeay.

Plusieurs veulent que ce présent Cantique ait été chanté et soit même la mélodie vraie du chant des pèlerins dont l'abbé d'Andichon a fait son cantique de Noël.

Toutefois, tout en respectant ici l'ensemble de la notation telle qu'elle est au Recueil de Lamazou, nous avons cru utile d'y apporter quelques légères modifications signalées par M. le chanoine Morelot, dont voici l'explication : « La notation de cette mélodie, nous écrit-il, est fort irrégulière. Comme la précédente (notre n° 1) elle est de rythme biternaire; la prolongation de l'*ut* aux 7ᵉ, 14ᵉ et 21ᵉ caselles devrait être figurée seulement par le *point d'orgue*, et ces caselles doivent conséquemment disparaître. Le point d'orgue de l'avant-dernière note est absolument ridicule. » — Notre planche porte ces rectifications; dans *Le Pèlerinage*, la musique est conforme à l'édition de Lamazou.

« Moyennant ces corrections, poursuit M. le chanoine, on obtiendra une mélodie bien rythmée et convenablement adaptée aux paroles. Mais ce qu'il importe de remarquer, c'est que les collecteurs de Noëls qui ont donné à la première mélodie le timbre : *Nous sommes trois souverains princes*, se sont complètement mépris, ce texte ne pouvant se chanter sur : *Quand nous partîmes* (ci-avant n° 1), qui est d'une autre mesure de vers, du moins dans la seconde partie de la strophe. » On a vu déjà que sur ce dernier point nous sommes parfaitement de l'avis du docte critique, lorsque nous avons dit (pp. 19-20) que la notation transcrite par Mᵐᵉ Lavergne ne pouvait s'adapter à ce rythme, vu les interpolation et inversion de certaines rimes.

II

LA CHANSON DES PÈLERINS DE SAINT-JACQUES
dite de Valenciennes.

Le titre de cette pièce, que nous trouvons tel que dans l'imprimé de Valenciennes en 1616, semble énoncer la vraie et plus populaire Chanson des roumieux. Sans doute, celle que nous venons d'étudier et que nous avons placée en tête de ces chants est bien intitulée : *La Grande Chanson*, mais son sous-titre « Cantique spirituel, » qui lui est aussi indifféremment donné dans tous les Recueils, semble l'admettre plutôt comme chant religieux qu'à titre de pure Complainte ou simple rhapsodie. Celle-ci n'a ni sous-titre, ni indication de timbre ; elle porte l'*air* avec elle.

Peut-être aurions-nous donc ici la plus ancienne de ces poésies, celle qui put servir de type à plusieurs autres ; car, il faut bien le reconnaître, la plupart d'entre elles ne sont que des pastiches plus ou moins serviles, des plagiats assez peu dissimulés. Toutefois, d'après M. Nicolaï, la priorité appartiendrait à la *Grande Chanson*, « celle que les pèlerins affectionnaient le plus particulièrement et qui a servi de modèle à toutes les autres chansons-itinéraires, où l'on en trouve des strophes entières presque littéralement reproduites [1]. » Mais, observons que cet auteur ne semble pas avoir eu connaissance de la pièce que nous donnons ici, et qu'il se contente de reproduire, en tout ou par parties, les 6 Chansons rééditées par M. Alexis Socard. Or, celle-ci est une 7me qui a été conservée, paroles et musique, dans les précieux « *Rossignols spirituels*, » imprimés à Valenciennes. Nous en avons même une 8me intitulée : *Chanson moult profitable*, à l'usage des Sentjacqués toulousains, et rééditée par M. l'abbé Couture d'après la curieuse plaquette : *Le Chemin de Tolose à Saint-Jacques de Compostelle en Galice*, signalé ci-avant (p. 16).

Celle qui nous occupe présentement mérite une mention toute spéciale, même au point de vue bibliographique. Comme impression elle est de toutes celles qui sont datées, la plus ancienne, puisque l'exemplaire de Valenciennes, ici signalé, est de l'année 1616. Il y eut

[1] *Monsieur St-Jacques.* p. 11.

une autre édition chez le même imprimeur Verulier, en 1631, et celle-ci mentionne une retouche et amélioration dans un complément au titre *des Rossignols* que nous avons déjà donné[1]. Il y est ajouté, en effet, après le nom de l'organiste *Pierre Philippe* (sans s final) : « regaillardis au primevère de l'an 1621. » Et ce volume est un petit in-12, avec musique, en 2 parties. Or, en signalant cet opuscule dans son Catalogue de Bibliothèque poétique, M. Viollet le Duc[2], ajoute cette note : « L'auteur, craignant que l'on ne confonde ses cantiques avec ceux de Marot et de Th. de Bèze, termine son livre par ce huitain :

> Luther, Viret, Bèze et Calvin
> Ont renversé l'escrit divin.
> Calvin, Luther, Viret et Bèze
> Ont mis tout le monde à mal-aise.
> Bèze, Calvin, Luther, Viret
> Croient tant Christ que Mahomet.
> Viret, Bèze, Calvin, Luther
> Sont allez tous quatre en enfer. »

Cette boutade nous montre au moins que la *Chanson des Pèlerins* n'y est pas en mauvaise compagnie. Elle se trouve néanmoins mêlée à nombre de poésies plus ou moins ridicules, recherchées par les amateurs[3], et où cependant il ne nous paraît pas d'y avoir d'autre mérite que celui d'avoir conservé certains anciens airs dont quelques-uns sont d'une charmante naïveté, et que vainement l'on chercherait partout ailleurs.

[1] Voir ci-avant, p. 16, note 1, le titre du Recueil : « *Les Rossignols spirituels.* »

[2] Ce catalogue fort recherché a été publié en 2 brochures : la première par Hachette en 1843; la seconde, qui est celle de ces Chansons, par Flot, à Paris, en 1847.

[3] De ce nombre de recueils, imprimé par le même, est *La Pieuse Alouette* (citée ci-avant, p. 14). Le titre mérite d'être transcrit en entier. « La pieuse Alouette avec son Tirelire. Le petit corps et plumes de notre Alouette, sont chansons spirituelles, qui toutes lui font prendre le vol et aspirer aux choses célestes et éternelles. Elles sont partie recueillies de divers auteurs, partie aussi composées de nouveau; la pluspart sur les airs mondains et plus communs, qui servent aussi de vois à notre Alouette pour chanter les louanges de notre commun Créateur. » *Valenciennes*, 1619, 2 vol. in-8° avec musique. (*Jean Bettigny, primsier de Tournay, a composé une partie de ces airs*). — M. Viollet le Duc, dit que ce recueil est attribué au P. Anthoine de la Cauchie. — Dans le même genre parurent aussi en 1623, à *Tournay*, chez Adrien Quinqué, 2 vol. in-8° avec musique portant le titre mystique de : *La Philomèle Séraphique*, attribuée au capucin Jean d'Arras.

En nous adressant une copie de cette « Chanson des Pèlerins de Saint-Jacques » imprimée à Valenciennes, M. le chanoine Morelot nous écrivait, avec sa haute compétence : « La Chanson : *Quand nous partimes de France*, ou « grande Chanson, » est évidemment imitée de celle des *Rossignols spirituels* [1]. » Et, d'après le 5me couplet, on voit qu'elle a dû être composée par quelqu'un des pèlerins du Nord, puisque :

> A la seconde journée,
> Sur la fresche matinée,
> Nous arrivasmes à Paris.
> C'estoit feste commandée,
> Ce pourquoi messe j'ouis.

Mais, détail d'autant plus intéressant qu'il est unique entre toutes nos Chansons : nous pouvons assigner le nom du compositeur, sinon des paroles, du moins de la musique de celle-ci. C'est un certain « seigneur Pierre Philippes, organiste de ses Altèzes Serénissimes. » Ceux qui y auraient quelque intérêt, pourront, d'après ce renseignement, faire plus ample connaissance avec ce musicien. Ici, il nous suffit de savoir que nous lui devons sinon l'air, du moins l'accompagnement de ce chant, puisque la mention qui en est faite au titre même du Recueil en question, porte que « les *meilleurs accords*, nommement *le bas*, relèvent » de cet organiste.

Avec « les meilleurs accords » faut-il attribuer aussi à Philippes l'air, le chant même ? Nous hésitons d'autant plus à répondre à cette question, que nous croyons que l'air de cette Chanson est justement celui qu'on donne pour timbre à celle commençant par ce vers : « *Quand nous partimes de France...*, » et que les divers Recueils indiquent comme devant se chanter sur le timbre : *Ma calebasse est ma compagne.*

Le fait est que, dans celle-ci comme dans celle-là, c'est-à-dire dans la 6me des pièces reproduites par M. Socard, et dans celle dite des « *Rossignols spirituels*, » c'est la même métrique, le même nombre de vers aux couplets, le même refrain en des termes presque identi-

---

[1] Le savant rédacteur de la *Musica sacra*, et maître-compositeur de l'Académie de Sainte-Cécile, nous adressa le texte de cette Chanson d'après la reproduction donnée par M. le chanoine Didiot dans l'*Almanach catholique* (1887) de la Société de Saint-Augustin. Mais avec le concours de M. Camille Gardelle, du P. Dubourg et de M. le chanoine Jaspar, il nous a été possible de donner texte et musique d'après la plaquette même imprimée à Valenciennes en 1616, et dont un exemplaire est à la Bibliothèque nationale.

ques. Qu'on en juge par la comparaison du premier couplet et du refrain de l'une et l'autre de ces poésies.

CHANSON 6ᵐᵉ	ROSSIGNOLS SPIRITUELS
Quand nous partîmes de France,	Pour avoir mon Dieu propice
Nous dîmes adieu à nos femmes,	Fis vœu d'aller en Galice
Et à nos petits enfants.	Voir le Saint Jacques le grand :
A Dieu je les recommande	J'entreprins cet exercice
Et à Saint Jacques le Grand.	Non pas comme un faisnéant.
Nous prions la Vierge Marie (Refr.)	Prions la Mère de grâce (Refr.)
Et son cher enfant	Qu'elle prie son Enfant
Qu'il nous fasse la grâce	Qu'au ciel puissions avoir place
De voir Saint Jacques le Grand.	Près de Saint Jacques le Grand.

Le plagiat ne saurait être mis en doute, d'autant moins qu'il est absolument servile dans l'ordre et la matière des strophes. — A laquelle des deux pièces donner l'antériorité ? Ce n'est pas facile à résoudre ; mais n'oublions pas la date de celle dite *des Rossignols* ou *de Valenciennes* : 1616.

Or, d'après ce qu'on vient de lire, le 1ᵉʳ des couplets cités et son refrain se chantaient sur l'air de *Ma Calebasse*[1] ; d'autre part nous avons la musique du second de ces couplets et de son refrain aussi. Et puisque l'une et l'autre pièce peut se chanter sur le même air, celui dont nous avons découvert la notation musicale ne serait-il pas l'air dit : *Ma calebasse*; soit que ce chant ait servi de timbre à la *Chanson des pèlerins*, soit, au contraire, que celle-ci ait été plagiée par le compositeur de *Ma calebasse*.

Comment qu'il en soit de cette unification ou distinction des deux chants, aussi bien que de la priorité de l'air pour l'une ou l'autre des deux poésies que nous venons de signaler, on a dans la planche musicale suivante la notation de *la Chanson des Pèlerins*. Cette notation, dans le livret de 1616, est écrite en musique carrée et sans la division de mesure ; les parties y sont définies : *Superius* et *Bassus*.

Observons encore que tandis que les autres pièces de nos chansonniers portent l'indication de l'*air* sur lequel on les chantait, celle-ci en est dépourvue. Ne serait-ce pas un indice de plus que c'est cet *air* qui a été plagié et devint plus tard celui du chant de : *Ma calebasse ?*

[1] Voilà encore un de ces timbres qui font contraste avec les cantiques spirituels auxquels ils sont adaptés; il est vrai qu'il ne s'agit ici que de Chansons de route et de rue, qui peuvent bien aller avec des airs de chanson à boire.

AIR N° 2

de la Chanson des Pèlerins dite « Des Rossignols »
ou de Valenciennes.

Pour a - voir mon Dieu pro - pi - ce, Fis vœu

d'al-ler en Ga - li-ce, Fis vœu d'al - ler en Ga -

li - ce Voir le Saint-Jac-ques le Grand : J'en-tre

prins cet ex-er - ci-ce, Non pas comme un fais-né -ant.

Refrain.

Pri-ons la Mè-re de grâ-ce Qu'el-le pri-e son En-

Pri-ons la Mè-re de grâ-ce Qu'el-le pri-e son En-

fant Qu'au ciel puis-sions a-voir pla-ce Près de

fant Qu'au ciel puis-sions a-voir pla-ce Près de

Saint Jac — ques le Grand.

Saint Jac — ques le Grand.

2

Devant me mettre en voyage,
Je fis comme un homme sage :
M'estant deument confessé,
Je receus pour témoignage
Un escrit de mon curé.

3

Je pris mon Ange pour guide,
Et Nostre-Dame en mon aide,
Et puis Saint Jacques le Grand;
La crainte de Dieu pour bride
Et mon patron pour garand.

4

J'avais au cas une image,
Et pour frayer le passage
Un beau bourdon à la main,
Un chapelet pour saulage
Et compagnon de chemin.

5

A la seconde journée,
Sur la fresche matinée,
Nous arrivasmes à Paris,
C'estoit feste commandée,
Ce pourquoi messe j'ouis.

6

Ce nous estoit d'ordinaire
De faire nostre prière
Avant sortir du matin;
Faisant la croix salutaire,
Nous nous mettions en chemin.

7

Tout nostre pelerinage,
Par beau temps ou par orage,
Avons le Seigneur bénit;
Encor que sous un feuilloage
Nous deussions passer la nuict.

8

Si quelque bonne personne
Nous donnoit parfois l'aumosne,
Nous la prenions de bon cœur;
Puis d'une affection bonne,
En bénissions le Seigneur.

9

Parmi les monts et prairie,
Nous chantions la Litanie,
Ou quelque bonne chanson;
Et racontions à l'envie
Ce que nous sçavions de bon.

10

Jamais en ma compagnie
Je n'ouys quelque infamie,
Ny quelques propos meschans.
Nous menions joyeuse vie,
Bon pied, bon œil, en tout temps.

11

Quand nous vinsmes à une mille,
Près de la fameuse ville
Monsieur Saint Jacques le Graud,
Je me sentois plus habile
A cheminer que devant.

12

Quand nous vinsmes au pont qui tremble,
Nous étions bien trente ensemble,
Tant de Walons qu'Allemans,
Et nous disions: S'il vous semble,
Compagnons, marchez devant.

13

Quand nous vinsmes en Compostelle,
Nous entrasmes pesle-mesle
Dedans l'église de Dieu,
Pour honorer d'un grand zèle
Monsieur Saint-Jacques en ce lieu.

14

Après qu'aucunes journées
Se sont ainsi escoulées,
Nous retournâmes joyeux,
Ceux-cy vers leurs contrées
Et ceux-la en autres lieux.

15

Tout ce grand pèlerinage
Se passa d'un grand courage,
Avec tout contentement,
Pour avoir en mon voyage
Servy Dieu premièrement.

III

AUTRE CHANSON DES PÈLERINS DE SAINT-JACQUES
sur l'air : *Ma Calebasse est ma compagne.*

D'après ce qu'on a lu dans l'introduction et les notes relatives à la Chanson précédente, dite « des Rossignols, » nous reproduisons immédiatement après celle-là les strophes de cette troisième. De même rythme, de même mesure prosodique elles peuvent se chanter l'une et l'autre sur l'air ci-avant. Quant à l'explication du timbre : *Ma Calebasse*, donné à cette pièce, qu'on veuille bien se reporter à ce que nous venons d'écrire pp. 28-29.

Voici donc les couplets et refrain de cette troisième pièce d'après le Recueil de M. Socard :

1

Quand nous partîmes de France,
Nous dîmes adieu à nos femmes,
Et à nos petits enfants,
A Dieu je les recommande,
Et à Saint-Jacques le grand.

REFRAIN

Nous prions la vierge Marie,
Et son cher enfant,
Qu'il nous fasse la grâce
De voir Saint-Jacques le grand.

2

Quand il nous fallut partir,
Nous dîmes adieu à nos amis,
Tant aux petits qu'aux grands;
A Dieu je les recommande,
Et à Saint-Jacques le grand.

3

Quand nous fûmes en la Saintonge,
Le meilleur pays du monde;
Mais il y a de méchantes gens,
Ils s'en vont sur les passages,
Pour nous voler notre argent.

4

Quand nous fûmes dans les Landes,
Avions l'eau jusqu'à mi-jambes,
Moi et tous mes compagnons,
Pour accomplir le voyage
De Saint-Jacques le Baron.

5

Quand nous fûmes à Bayonne,
Changer fallut nos couronnes,
Nos écus et nos blancs;
C'est pour passer la Biscaye,
Où l'on n'entend point les gens.

6

Quand nous fûmes à Sainte-Marie,
Adieu la France jolie,
Et les nobles Fleurs de lys,
Car je m'en vais en Espagne,
C'est un étrange pays.

7

Quand nous fûmes à la montée
Saint-Adrien est appelée,
Il y a un hôpital fort plaisant,
Où les pèlerins qui y passent
Ont pain et vin pour leur argent.

8

Entre Peuple et Victoire
Il me souvient de ma mère,
Et aussi de mes parents,
A Dieu je les recommande,
Et à Saint-Jacques le grand.

9

Quand nous fûmes à Saint-Dominique,
Nous vîmes le coq et la géline,
La justice de l'enfant,
Où tous les pèlerins qui passent
En ont le cœur fort dolent.

10

Quand nous partîmes de Léon,
Avec moi et mes compagnons,
Trouvâmes deux chemins;
L'un à Saint-Salvateur mène,
L'autre à Saint-Jacques le grand.

11

Quand nous fûmes au Mont Etuve,
Qui est si froid et si rude,
Et fait plusieurs cœurs dolents,
Ont fait plusieurs femmes veuves,
Orphelins, petits enfants.

12

Quand nous fûmes au Pont qui tremble,
Nous étions bien vingt ou trente,
Tant François comme Allemans;
Nous nous disions l'un à l'autre :
Compagnon, marche devant.

13

Marche devant, je t'en prie,
Compagnon, ne t'hébahis mie,
Si j'ai mué mon semblant,
En passant les Monts Etuves
Et les bois qui sont dedans.

3

14

Quand nous fûmes à Montjoie
Mon cœur tressaillit de joie
De voir Saint-Jacques le grand,
Du vin de ma callebasse
Alors j'en ai pris d'autant.

15

Quand nous fûmes à Montserrat,
Mon compagnon devint malade,
Dont j'eus le cœur très dolent
Du pain de ma malette,
J'en donnai du plus blanc,
J'allois le reconfortant.

16

Quand nous fûmes à La Ravelle,
Mon compagnon fut mis en terre,
Dont j'en ai le cœur dolent,
J'ai cherché dans sa pochette,
Je n'y ai trouvé qu'un blanc,
C'est pour écrire une lettre
Pour écrire à ses parents.

17

Quand nous fûmes à Saint-Jacques,
Nous n'avions denier ni maille,
Ni moi ni mes compagnons;
Je vendis ma calebasse
Mon compagnon son bourdon,
Pour avoir du fallotage
De Saint-Jacques le baron.

AUTRE REFRAIN

Ma Calebasse, ma compagne,
Mon Bourdon, mon compagnon,
La Taverne m'y gouverne,
L'Hôpital c'est ma maison.

IV

LA CHANSON « DU DEVOIR DES PÈLERINS »
sur l'air : *Or sus, peuple de France.*

Tandis que les deux premières Chansons sont sans signalement d'*air à chanter*, celle-ci a pour timbre un chant national. Malheureusement on ne connaît que le titre de ce chant patriotique sur lequel a été adapté celui des Sentjaquaires. Nous avons vainement cherché et consulté tant à propos des paroles que de la notation de l'*Or sus, peuple de France;* avec le maître Weckerlin plusieurs savants musicologues croient ce chant ancien, mais ils nous ont déclaré n'en avoir jamais découvert la moindre trace.

Voilà donc, avec la Chanson précédente inscrite sous le timbre *Ma Calebasse est ma compagne,* deux pièces dont les airs nous échappent. Remarquons toutefois, ainsi qu'on l'a vu précédemment que peut-être (?) ce dernier timbre répond à la notation de la Chanson dite *des Rossignols* et qui est le n° 2 de nos planches musicales.

Quant à la présente Chanson *du Devoir des Pèlerins*, renonçant à en découvrir la musique, il faut se contenter de donner les couplets tels que nous les trouvons dans le Recueil de *Noëls et Cantiques* de M. Socard :

1

Pour à Dieu satisfaire
  Des maux que j'ai commis.
Je désire vœu faire,
  Malgré mes ennemis.
A saint Jacques l'Apôtre,
  En Galice honoré ;
Où le Seigneur Dieu nôtre,
  En lui est adoré.

2

Implorons la hautesse
  De Dieu souverain Père ;
Je tiendrai ma promesse,
  Ainsi comme je crois,
D'une âme vertueuse
  Je m'en vais pour le mieux
Et qu'enfin bienheureux,
  J'ai un retour joyeux.

3

Avant que je m'en aille
  Il faut penser à moi ;
Je romprai la muraille,
  Qui me retient en moi,
C'est le temps de l'offense ;
  Où je suis renfermé,
Tant que par pénitence,
  Sois en bien confirmé.

4

Des choses nécessaires
  Il faut être garni,
A l'exemple des Pères
  N'être pas défourni
De Bourdon, de Mallette,
  Aussi d'un grand chapeau,
Et contre la tempête
  Avoir un bon manteau.

5

Je défendrai ma vie,
  Etant ainsi armé,
De la cruelle envie,
  Du serpent animé,
Qui toujours en embûche,
  Et pour nous décevoir,
Nonobstant son astuce,
  Je ferai mon devoir.

6

Ruminant mon voyage,
  Ce qu'il contient en soi,
J'aurai en ce passage
  L'arme de vive foi,
Le bâton d'espérance,
  Ferré de charité,
Revêtu de constance
  D'amour et chasteté.

7

D'achever l'entreprise
  J'ai le cœur désireux.
Quand j'aurai la voie prise,
  Je fermerai les yeux
Du voile de prudence,
  Afin de ne voir plus
Du monde l'insolence,
  L'erreur et les abus.

8

J'avois perdu mon maître,
  Mais je l'ai recouvert ;
Avec lui je veux être,
  Parce qu'il m'a couvert ;
Du manteau de bonnes œuvres,
  Me donnant ses trésors,
Que je porte à toutes heures,
  Tant dedans que dehors.

9

J'ai la Bourse et Mallette,
  Où ils sont renfermés,
Et toutes choses honnêtes :
  Parfois sont employées,
D'eau de vive fontaine,
  Pour me soulager,
Ma calebasse est pleine,
  Me souvenant du danger.

10

Allons par compagnie
  A Saint-Jacques le Grand ;
Quant à moi j'ai envie
  De passer plus avant ;
Plusieurs pèlerinages
  Faisaient nos pères vieux,
Et de ces saints voyages
  Estoient fort désireux.

11

Aucuns poussés de zèle
  Alloient à Montserat
Pour y voir la Pucelle
  Qu'au peuple servira :
Qui va en cette place,
  Ores soit-il pécheur,
Toujours il trouve grâce
  Envers Notre-Seigneur.

12

Oui, de cœur et pensée,
  De ce lieu serviteur,
J'ai la voie passée
  Pour à Saint-Salvateur
Aller voir les reliques
  De ce célèbre lieu
Des corps saints et pudiques
  Amis de notre Dieu.

13

N'appréhendons la peine,
  Ni le labeur aussi,
Car ce n'est chose vaine
  De travailler ainsi ;
Si vous désirez vivre
  Au ciel heureusement,
Les peines il faut poursuivre
  De votre sauvement.

14

De votre volonté bien sainte
  Il faut servir à Dieu,
Sans aucune contrainte,
  De ce terrestre lieu,
Délaissant père et mère
  Et parents et amis,
Pour mériter la gloire,
  Ainsi qu'il est promis.

15

D'une âme libre et sainte,
  Renoncez aux plaisirs
Que vous preniez en France,
  Or vous aurez loisir,
Cheminant en Espagne,
  Bien que maintes montagnes
Il vous faudra monter.

. . . .

16

En ces tristes demeures,
  Vous n'aurez pas souvent
Pain et vin à vos heures,
  Quand n'aurez pas de l'argent,
De coucher sur la dure,
  Ne vous ennuyez pas,
Quoique déjà vous dure
  Même jusqu'au trépas.

17

Pensez je vous supplie,
  De quel contentement
On a l'âme ravie,
  Quand bien et saintement,
L'on peut à Compostelle,
  Ses faits purifier,
Et dans l'Eglise belle,
  Son cœur sacrifier.

18

De coutume ancienne
  On y prend la portion,
Mangeant le pain des Anges,
  Par grande dévotion,
Qui descendit du Ciel
  Pour notre salvation,
Rendant mille louanges
  Au grand Roi immortel.

19

Puis après une chose,
    Qui ne veut s'éjourner,
Un chacun en dispose,
    A vouloir retourner;
Lettres de témoignage
    Et d'attestation,
Qu'on prend en ce voyage,
    Pour la confession.

20

Qui fait ce saint voyage
    Peut beaucoup mériter :
Mais si d'esprit volage
    Il s'en voulait vanter,
Ne lui prête l'oreille
    Corrigeant doucement
Soit qu'il veuille ou ne veuille,
    Son cœur très promptement.

21

S'il vouloit pas audace,
    A tous les préférer ;
Faut qu'il entende et sache
    Cela se référer.
A Dieu première cause,
    Auteur de notre bien,
Et que l'orgueil nous cause,
    Nos faits ne valoir rien.

22

Prions Dieu par sa grâce
    Nos prières ouïr ;
Là sus au Ciel nous fasse
    Après la mort jouir
De sa vision sainte,
    Et que par son amour
Vivions selon sa crainte,
    Jusques au dernier jour.

———

V

*

AUTRE CHANSON DES PÈLERINS DE SAINT-JACQUES
dite des Parisiens

Le sous-titre que nous mettons à cette pièce, afin de la différencier de quelques-unes des précédentes, nous est fourni par ce début du troisième couplet :

> Nous nous mîmes à cheminer
> Droit à Paris pour nous rendre :
> C'est pour Saintonge passer.....

Le *Cantique spirituel* ou « Grande Chanson » débute bien aussi par ce tracé d'itinéraire vers Compostelle, et celle « de Valenciennes » ou des *Rossignols spirituels* signale bien également l'étape de Paris « à la seconde journée; » mais comme ces deux pièces sont déjà qualifiées par leur sous-titre respectif, nous croyons bon de donner celui « des Parisiens » à la présente Chanson.

Les deux premières ont leur timbre musical propre, leur notation connue ; celle-ci ne porte aucun signalement pour le chant. Son allure comme rythme et métrique est bien différente de celle que nous venons de voir et d'entendre dans les précédentes Chansons. Que s'il est impossible d'adapter celle-ci à quelqu'une des notations déjà retranscrites ou qui vont l'être dans la suite de ce travail, il est évident que, pour le fond, les diverses strophes ne sont que des plagiats. Et cependant, vu la différence de rime et de rythme, vu l'agencement et le nombre de vers inégaux tant pour les couplets que pour le refrain, il est sûr qu'en plagiant les paroles on n'a pas songé à plagier le chant. Reste donc à trouver la musique propre à cette Chanson, que nous appelons « des Parisiens » ou du moins des Pèlerins du Nord, passant par Paris. Cet appelatif, puisé dans la pièce même, dira : 1° qu'elle n'était immédiatement ni pour les roumieux du Midi, ni pour ceux de l'Est ou de l'Ouest; et 2° qu'il ne faut pas la confondre avec les deux précédentes.

Voici ses strophes telles qu'elles ont été reproduites par M. Socard :

1

Quand nous partîmes pour aller à St-Jacques,
Pour faire pénitence,
Confessés avons nos péchés.
Avant que de partir de France,
De nos curés, prîmes licence,
Avant de sortir du lieu
Nous ont donné pour pénitence,
Un chapelet pour prier Dieu :

REFRAIN

Prions Jésus-Christ par sa grâce.
Que nous puissions voir face à face
La Vierge et Saint-Jacques le Grand.

2

En Dieu nous sommes confiés,
Lui présentant d'un cœur très humble,
Nos amis pour les conserver;
De nos cœurs faisant ouverture,
Mettant nos corps à l'aventure.
Portant la croix de Jésus devant
Sur son bourdon chacun s'appuie.
Disant adieu d'un cœur dolent.

3

Nous nous mîmes à cheminer
Droit à Paris pour nous rendre :
C'est pour la Saintonge passer,
Prions Jésus qu'il nous défende
Des ennemis par sa puissance,
Ceux qui voudroient par hérésie,
Empêcher nos bons désirs.

4

A Lusignan avons passé,
De Saintes à Pont, puis à Blaye,
Là où nous faut embarquer :
Pourvu que nous ayons monnoie,
Puis à Bordeaux la claire voie,
Aux Jésuites sommes allés,
Qui nous ont donné grand'joie,
Pain et vin pour notre souper.

5

Mais nous fûmes bien étonnés
Quand nous fûmes dedans les Landes,
Tous mes compagnons et moi,
De nous voir l'eau jusqu'à mi-jambes.
Mes compagnons, que l'on s'avance,
Et prions Dieu dévotement,
En lui mettons notre espérance.
Et en Saint-Jacques le Grand.

6

Changer fallut nos gros blancs,
Quand nous fûmes dans Bayonne.
Nos quarts d'écus qu'on nomme Francs,
Avec notre monnoie en somme.
Semblablement notre couronne.
C'est pour la Biscaye passer,
Où il y a d'étrange monde.
On ne les entend pas parler.

7

Quand nous fûmes à Saint-Jean-de-Luz
Les biens de Dieu en abondance:

Car ce sont gens de Dieu élus,
Des charités ont souvenance,
Donnant aux pauvres chevance,
Et de leurs biens en abondance,
Disant : Vous aurez souvenance,
Dieu vous conduise à sauvement.

8

Mais nous fûmes bien étonnés,
Quand nous fûmes à Sainte-Marie,
Là tous mes compagnons et moi
Dîmes adieu à la France jolie,
En pleurant nous nous mîmes à dire :
Adieu les nobles fleurs de lys,
En Espagne nous faut suivre;
C'est un étrange pays.

9

Nous avons cheminé longtemps
Dans les montagnes de Biscaye,
Cheminant toujours rudement
Par les pays en droite voie,
Jusqu'au Mont Saint-Adrien[1].

10

Nous fûmes grandement joyeux
Entre Peuple et Victoire
De voir fleurir le Cicador,
Et égrener la lavande,
Et tant de Romarin qui branche
D'où sortoit si grande odeur,
Nous chantâmes tous ensemble
Pour en louer le créateur.

11

Ah! que nous fûmes joyeux
Quand nous fûmes à Saint-Dominique,
En entendant le coq chanter,
Et aussi la blanche géline;
Nous sommes allés vers la Justice[2],
Où resta trente-six jours l'enfant
Que son père trouva en vie
De Saint-Jacques en revenant !

12

Quand à Burges fûmes arrivés,
De grande dévotion portés,
Avons été à l'église,
Priant notre Sauveur très digne,
Le suppliant qu'il nous conduise
Et par voie qu'il nous préserve :
Nous avons vu un grand miracle,
Le crucifix suer.

13

Quand nous fûmes dedans Léon
De la vieille Castille,
Nous chantâmes cette chanson
Au beau milieu de la ville;
Les hommes, femmes et filles
De toutes parts nous suivoient,
Pour entendre la mélodie
De ces bons pèlerins françois.

14

Jamais nous n'eûmes si grand froid
Que quand nous fûmes au Mont-d'Etuves,
Étions transis jusques au cœur :
Ne voyant Soleil ni Lune,
Le vent, la pluie nous importune,
Mon Dieu, le vrai Médiateur,
Nous a délivrés de la pluie
Jusques dans Saint-Salvateur.

15

Quand nous fûmes à Saint-Salvateur
Avons vu les saintes Reliques,
Qui sont si précieuses et dignes,
On les montre à tous les passans!
Nous en portons les écrits
Pour contenter les mécroyans.

16

Là, nous fûmes bien étonnés,
Quand nous fûmes au Pont qui tremble,
Tous mes compagnons et moi,
De nous voir entre deux Montagnes,

[1] On remarquera cette strophe tronquée, tout comme la 15e qui suit. — A propos des noms de villes cités dans ces couplets, nous avons renvoyé au *Pèlerinage à Compostelle*. Ici encore on aura compris ce qui se rapporte au change des monnaies dans « les fleurs de lys, » les « écus, blancs et couronnes ». Pareille remarque pour les autres Chansons.

[2] La potence; Cf. ci-avant, p. 18.

De voir la mer en grand tourmente,
Pour faire longue demeurance;
Compagnons, nous faut cheminer.
C'est pour à Saint-Jacques aller.

17

Hélas! que nous fûmes joyeux
Quand nous fûmes à Montjoye.

Tous mes compagnons et moi,
De voir ce lieu tant désiré :
C'était de voir la Sainte Eglise,
Où rendîmes grâce à Dieu,
A la Sainte-Vierge et à Saint-Jacques,
D'être arrivé en ce lieu.

Dieu bénisse ceux qui font du bien aux pauvres pèlerins.

VI

LA CHANSON « MOULT PROFITABLE AUX PÉLERINS »
dite du Chemin de Tolose

Sous ce titre nous allons donner le chant qui paraît avoir été plus spécial aux pèlerins de notre Midi, et notamment pour ceux qui suivaient la voie de Toulouse et du port d'Aspe vers Roncevaux.

Ces couplets font partie d'une plaquette petit in-8° de huit feuillets, imprimée à Toulouse en 1650 et intitulée : *Le chemin de Sainct-Jacques de Compostelle en Galice. A Tolose, de l'imprimerie de P. d'Estay, à l'enseigne de la Presse d'or, près le collège de Foix.* C'était là, écrit l'érudit abbé Couture, qui en a publié quelques strophes [1], un petit guide à l'usage des Senjàquès toulousains, plein de détails et d'instructions très utiles aux voyageurs [2]. Aussi l'auteur l'a-t-il intitulée : *Chanson moult profitable aux pèlerins qui vont à Sainct-Jacques.*

Mais sur quel air était-elle chantée, puisque c'était réellement une chanson? Pas d'indication à ce sujet; et même, vu la distribution de ces quatrains disposés par couple, nous ne connaissons rien de sem-

[1] Dans *Les Chemins de Saint-Jacques en Gascogne*, par Adrien Lavergne, voir la lettre à cet auteur sur *Le Chemin de Tolose*, pp. 73-76.

[2] On trouvera texte ou analyse de ces diverses instructions dans *Le Pèlerinage à Compostelle*, pp. 99, 111, 181, etc... — Il nous manque le 3e couple qui se rapporte aux provisions de la besace; la plaquette qui porte cette Chanson n'a pu être retrouvée pour combler cette lacune. — Le 5e couple n'est que la reproduction du 4e en mauvais jargon hispano-français.

blable dans les pièces de chant populaire. Il faut donc, ici encore, nous en tenir à la reproduction du texte, sans notation musicale.

1

Vous qui allés à Sainct Jacques,
Ie vous prie humblement
Que n'ayez point de haste :
Allés tout bellement.

Las ! que pauvres malades
Sont en grand descoufort !
Car maints hommes et femmes
Par les chemins sont morts.

2

Vous qui allez à Sainct Jacques,
Au moins en temps d'esté,
Ne prenez point grand charge,
Allez sur le léger.

Car de peu l'on se fasche (fatigue),
Je parle à gens de pied ;
Ducats à deux visages
Portez-en, si en avez.

4

Vous qui allez à Sainct Jacques,
Ie vous voudrois prier
Que ne fussiez point lasches
A apprester à disner.

Les hostesses sont fines,
Elles ne servent rien ;
Qui sçait faire cuisine
Il luy servira bien.

5

Vos qu'andais à Santiago
Mire vostre mercé,
Non ay en posades
Nada para comer.

Bosquais en altras cazes
Lo qu'abets menester
Si queres bones cames
Moy limpes allarés.

VII

AUTRE CHANSON DES PÈLERINS

« Sur un gentilhomme qui a fait le voyage de Saint-Jacques et qui s'est rendu Capucin. »

Toutes les Chansons précédentes peuvent être considérées comme d'intérêt général et d'utilité plus ou moins grande pour les pèlerins isolés ou en caravane. Ce sont, en effet, des guides au point de vue de l'itinéraire, comme aussi pour les dispositions et précautions matérielles et spirituelles à prendre au départ, en route et à la rentrée.

Celles des pièces qui restent à reproduire ne traitent plus que de sujets particuliers. Que si elles font partie du fonds dit « Chansons des Pèlerins, » ce sont plutôt des hors-d'œuvre, et comme des épisodes de quelques Pèlerinages à Compostelle.

Ainsi la Chanson présente, qui a été mise sur l'air de « *Réveillez-vous belle dormeuse* », ne se rapporte qu'à un sujet tout spécial.

Elle a pour titre : *Sur un gentilhomme qui a fait le voyage de
Saint-Jacques et s'est rendu capucin.* Ce sont, en quatorze couplets, des adieux au monde, à ses œuvres et à ses pompes... pour
aller « à Saint-Jacques le Grand. » On va en juger d'après le texte
que nous empruntons au Recueil de 1718.

Quant à l'air approprié à cette Chanson, il est indifféremment connu
sous les timbres : *Réveillez-vous belle dormeuse* (ou *belle endormie,* ou encore : *O, levez-vous belle endormie)* et : *Philis plus
avare que tendre.* Quelques-uns en attribuent la musique à Lulli,
mais elle est de Dufresny; et c'est sous ce nom qu'elle est insérée
dans la CLÉ DU CAVEAU[1]. Pannard a fait sur cet air la charmante
chanson : *Ruisseau qui baigne cette plaine.*

Quant à la mélodie que nous reproduisons, M. Morelot nous en a
communiqué une version plus conforme à celle que donnent les an-
ciennes éditions des Noëls bourguignons, mais qui diffère comme
rythme et qui a aussi quelques légères altérations comme notation.
La version de la *Clé du Caveau* ayant pris, par le fait même de
son maintien dans ce Recueil, un caractère plus définitif de popularité
nous croyons devoir la conserver en y adaptant le premier couplet.

AIR N° 3
sur le chant : *Réveillez-vous belle dormeuse.*

Puisque le mon — de je quit-te Pour vi-vre au Ciel

heu-reuse-ment, Il faut que mon Jé-sus j'i - mi - te La Vierge et

saint Jac-ques le Grand.

REFRAIN

Vive Jésus, vive Marie,
Prions le Sauveur maintenant,
Qu'il nous fasse à tous la grâce
D'aller à St-Jacques le Grand.

[1] LA CLÉ DU CAVEAU, à l'usage de tous les chansonniers français, des amateurs, acteurs du Vaudeville et de tous les airs de la Chanson. 4ᵐᵉ édition conte-

2

J'aime Jésus, j'aime Marie,
J'aime ces agréables noms,
Et veux passer toute ma vie,
A leur faire mes oraisons.

3

Je ne porterai d'autres armes,
Sinon la croix de mon Sauveur,
Pour combattre à toutes allarmes
Le démon, ce malin trompeur.

4

Adieu mon père, adieu ma mère,
Adieu mes amis et Parens,
Je vous quitte sans plus attendre
Je vais à S. Jacques le Grand.

5

Adieu le Bal, adieu la Danse,
Adieu les festins et Banquets,
Je vous quitte sans répugnance
Pour servir Jésus à jamais.

6

J'ai un grand feu dedans mon âme,
De la part de mon doux Sauveur,
C'est le saint Esprit qui m'enflamma,
Je le veux servir de bon cœur.

7

Je prierai la Vierge Marie,
Et Jésus-Christ, son cher enfant,
Qu'il nous fasse à tous la grace
D'aller à S. Jacques le Grand.

8

Adieu le musc, adieu bel ambre,
Le fard et toutes les senteurs,
Je vous quitte sans plus attendre,
Pour servir Jésus mon Sauveur.

9

Adieu gentilshommes de chambre,
Tous mes laquais semblablement,
Je vous quitte sans plus attendre,
Je vais à S.-Jacques le grand.

10

Adieu les princes et les dames,
Adieu les honneurs de la Cour,
Car je m'en vais sans plus attendre,
En un couvent finir mes jours.

11

Je donne toutes mes richesses
Aux pauvres tout présentement,
Afin qu'un jour avec liesse
Nous ayons part au firmament.

12

Nous prions la Vierge Marie,
Jésus-Christ son cher enfant,
Qu'il nous fasse à tous la grâce
D'aller à S. Jacques le Grand.

13

On est dans ce pieux voyage
Délivré de tout accident
Et c'est par ce pèlerinage
Qu'on peut aller au Firmament !

VIII

CHANSON « DE L'HISTOIRE ARRIVÉE A DEUX PÈLERINS »
sur le chant : *de la Boiste.*

Nous voici encore avec un sujet tout spécial et en présence d'un timbre connu de nom seulement. Quel est ce « chant *de la Boiste?* »

nant 2030 airs, Rondes, Chœurs, Cavatines, Rondeaux, Contredanses, Valses, Canons, Marches, Nocturnes, etc. Chez Adolphe Weissenbench, à Bruxelles. — L'air que nous donnons sous le n° 3 de nos planches de musique est le 512 de *La Clé.*

¹ Ce dernier couplet est dans le Recueil de M. Socard seulement.

Ne faut-il pas lire *Boisle* ? nom dont nous ignorons la signification, mais qu'autorise la mauvaise impression du livret de 1718 auquel nous empruntons cette pièce. Nos recherches sur cet air ont été aussi infructueuses que pour les timbres *Or sus, peuple de France*, et *Ma calebasse est ma compagne*, attribués à deux des Chansons précédentes. Puissent de plus heureux, de plus habiles, découvrir ces trois notations.

Quant à la Chanson, c'est : l'*Histoire arrivée à deux Pèlerins*. Vu le miracle opéré par saint Jacques en faveur d'un de ses serviteurs, assassiné dans une hôtellerie, ce chant servait à glorifier le saint et à donner confiance aux pèlerins. Voici ce récit merveilleux, tel qu'il est conservé dans l'édition princeps. Le Recueil de M. Socard donne quelques variantes qui ne portent que sur des mots en plus ou en moins.

1

Au nom du Seigneur souverain
Secourés ces deux Pèlerins,
L'entreprise et le bon Voyage ;
Ayant fait vœu dévotement,
D'aller à Saint-Jacques le Grand.
Se sont montrés prudens et sages.

2

Ces chastes Pèlerins François
Tous deux se promirent la foi
De vivre et mourir l'un pour l'autre
Dans toute adversité,
Qui viendrait l'un à l'autre
En leur nécessité.

3

Quand ils furent sur le chemin,
L'entretien de ces Pèlerins,
Etait des paroles très saintes,
Des vies de saints par amour :
Ils s'entretenaient chaque jour.
Leurs âmes à Dieu étant sans feintes.

4

L'un dit qu'il avait [des] Parens
Sur le grand chemin passant,
Il suppli: son Camarade
De le suivre jusqu'au logis
De ses parens et ses amis,
Qu'il lui en ferait le semblable.

5

Le pauvre pèlerin honteux
N'ayant pas connaissance d'eux,
Fort humblement le remerçia ;
Son compagnon voyant cela,
Le conduit tout d'un même pas
Dans une bonne hotellerie.

6

Incontinent qu'il fut arrivé,
Très doucement il a posé
Son Bourdon derrière la porte
Puis il demanda à souper
Afin de s'aller reposer,
Ainsi que l'Histoire rapporte.

7

Il avait quantité d'argent,
L'Rote du logis très méchant,
Comme un perfide singulier.
Sa femme étant avec lui,
Tout doucement sur le minuit,
Le Pèlerin ils égorgèrent.

8

Le lendemain de bon matin,
Son camarade pour le certain,
Demanda en l'hotellerie,
Mon camarade est-il parti ?
L'hote lui répond qu'oui,
Il est bien loin je certifie.

9

Mais il aperçut le Bourdon
Et le sac de son Compagnon,
Pareillement une Gondole :
Le Pèlerin en grand souci,
Vos discours ne sont que frivoles,
Dit, mon camarade est ici.

10

Pour en mieux scavoir la raison,
Il les fit mettre en prison
Le maître et la maîtresse :
La servante tout soudain
Le confessa à pur et à plein,
Ayant le cœur plein de tristesse.

11

Ils furent d'abord condamnés
D'être pendus et étranglés,
Ayant fait ameude honorable,
La servante pour le certain
En sortit sans lui rien faire
Du meurtre n'étant [pas] coupable.

12

Ce pèlerin de Dieu aimé,
Son compagnon fit embaumer.
Et le fit mettre en une bière,
Et le porta légèrement
Jusqu'à Saint-Jacques le Grand,
D'un amour très particulier.

13

Etant à S. Jacques arrivé,
Tout doucement l'a posé,
Et fit célébrer une messe :
En sortant de ce lieu sacré,
Une ombre le vint embrasser,
Avec grand amour et tendresse.

14

Une voix lui dit doucement,
Tu m'as retiré du tourment,
Mon camarade fidèle,
Tu as fait le voyage pour moi,
Et je vais prier pour toi
Jésus dans la gloire éternelle.

15

Nous prions Dieu dévotement
Et Monsieur S. Jacques le Grand,
Qu'un jour avec les Archanges
Nous puissions chanter hautement
Et crier tous ensemblément :
Vive Jésus, le Roy des Anges.

IX

CHANSONS DES PÈLERINS DE SAINT-JACQUES

EN BASQUE, PATOIS BÉARNAIS ET BIGOURDAN.

La grande popularité de saint Jacques et de son célèbre sanctuaire de Compostelle lui ont valu d'être chanté en toutes les langues et dans tous les dialectes. D'après le manuscrit du XIIe siècle, que nous avons précédemment désigné sous le titre de CODEX Compostellau, on voit que même les chants liturgiques en l'honneur de ce saint apôtre étaient

déjà paraphrasés ou enrichis de refrains ou strophes en langues vulgaires propres à chaque pays. Ainsi l'hymne *Ad honorem Regis
summi*, accompagné du *Fiat, amen; alleluia*, était agrémentée
d'un quatrain qui revenait après chaque strophe en mode de refrain
repris en chœur. Chaque nation exprimait ainsi en sa langue la plus
populaire l'enthousiasme et la dévotion à l'endroit du saint et de son
tombeau. Comme exemple nous avons les deux vers que les Flamands
introduisaient entre la strophe et le refrain « E ultreja; » ils s'écriaient
dans leur langue maternelle :

Herru Sanctiagu !

Grot Sanctiagu !

« *Monsieur Santiago ! Grand Santiago !* »

Puis l'hymne ou le cantique reprenait ; et, couplets et refrains alter-
naient tout le long du pèlerinage.

En plus de ces invocations ou refrains en langue vulgaire et dans les
divers idiomes et dialectes de chaque pays, il y eut aussi des pièces de
chant en langage populaire rythmé. Mais comme ces chants se trans-
mettaient oralement, il n'existe pas de recueil, pas même de pancarte
ou image de dévotion les ayant conservés. De ci de là, dans telles de
nos paroisses et dans quelques sanctuaires de pèlerinage où l'on use
encore de chants patois, on entend bien des cantiques en l'honneur de
quelques saints, voire de Saint-Jacques; quelques chanteurs ambulants
ont bien quelquefois aussi des tirades sur ces mêmes sujets, mais de
vraies *Chansons de pèlerins* en langue vulgaire de notre Midi nous
n'en connaissons pas. De telle sorte que tandis qu'on connaît quelques
airs de Chansons patoises de pèlerins, on en ignore les textes, ceux-ci
n'ayant sans doute jamais été conservés par l'impression.

M. Eugène Dufourcet, en son Étude sur les *Voies romaines et
les Chemins de Saint-Jacques dans l'ancienne Novempopulanie*,
confirme cette assertion, tout en publiant la notation d'une de ces pièces
en langue vulgaire. « Malheureusement, dit-il, on a négligé de recueillir ces chansons ; on en a conservé un certain nombre, toutes en
français, mais il nous souvient d'en avoir entendu chanter en gascon,
par des mendiants de la Bigorre. Nous avons pu recueillir et noter l'air
d'une de ces antiques chansons; il est vraiment curieux [1]. »

---

[1] Recueil du *Congrès archéologique de France*, année 1888, p. 256. — Notre
but n'étant que de relever la notation des Airs, nous nous dispensons de
reproduire au n° 4 de nos planches l'accompagnement que M. Dufourcet
a demandé à un excellent musicien pour la transcription qu'il en a faite

M. le chanoine Morelot, trouve « la tonalité de cette mélodie singulière et tout à fait en dehors de nos habitudes ; ce qui est un indice de son antiquité. Le rythme est régulier, sauf à sa dernière mesure. » En conséquence nous corrigeons cette mesure conformément à cette indication, alors que tout le reste de la notation est exactement conforme à la transcription donnée par M. Dufourcet.

C'est cet Air que nous reproduisons dans la planche musicale suivante. A défaut de texte, on aura là une notation bonne à conserver et qui, peut-être, pourra s'adapter à telle autre des Chansons françaises dont la métrique et le rythme seraient semblables à la poésie de dialecte béarnais dont nous parlons ici. Puisse l'*air* mettre sur la trace des paroles entendues jadis par celui auquel nous l'empruntons, puisqu'il n'y a pas encore longtemps qu'elles étaient chantées en gascon de Bigorre.

AIR Nº 4

La Bigorre et le Béarn prétendent avoir conservé, dans plusieurs de leurs chants populaires, différents *Airs* des Pèlerins de Compostelle. M. l'abbé Dubarat nous a signalé, entre autres, ceux du pèlerinage de Saint-Jacques à Asson. Nous reproduisons ici l'Air sur lequel on chante le cantique des pèlerins de Bétharram, le *Béy aniram*. La transcription musicale et les paroles nous ont été fournies par le P. Dospital. Nous devons avouer toutefois que nous ne connaissons pas de *texte* de chants Sentjacquaires dont la métrique et le rythme puissent s'adapter à cet air béarnais. — Voici la traduction du *Béy aniram* écrit ci-dessous : « Nous irons, nous irons dévotement à Bétharram ; nous y porterons un cœur dolent, à Dieu le Père nous l'offrirons. »

AIR N° 8

Andante.

Béy a — ni — ram, Béy a — ni — ram

Dé-bou — ta — men ta Bé — thar — ram.

U co dou — len qu'ey pour — ta — ram;

A Diü lou Pay Qué l'ouf — fri — ram.

Puisque le Béarn, d'après l'exemple précédent, a fourni des chants, paroles et musique, pour le répertoire des Pèlerins, nous reproduisons ci-après un des anciens cantiques basques recueillis par M. Ch. Bordes [1], et qui a quelque ressemblance avec une partie de l'Air de la *Grande Chanson*. Avant même que nous ayions eu cette notation sous les yeux, on nous avait affirmé que c'était là le véritable *Air* du CHANT DES PÈLERINS. On en jugera en comparant ces deux compositions c'est-à-dire les deux premières et la dernière de nos notations.

Les connaisseurs accepteront certainement les appréciations que nous a transmises M. le chanoine Morelot, notamment sur ce chant et aussi sur celui qui précède. Cet érudit musicographe les dit « fort remarquables au point de vue modal. C'est le pur 8me ton grégorien. »

---

[1] Voir dans *le Chant populaire à l'église et dans les confréries et Patronages*, publié dans la SCHOLA CANTORUM, série des *Chants en langue vulgaire* : KANTIKA ESPIRITUALAK, 10 cantiques basques anciens (en dialecte souletin), mélodies recueillies et notées au cours de sa mission, par Ch. Bordes. — Pièce inscrite sous le n° IX, et intitulée *Herioaz I*, p. 17, et que le savant éditeur avec la plus aimable obligeance, nous a autorisé à publier. — Paris, aux bureaux de la « Schola Cantorum. » 15, rue Stanislas.

Plusieurs chants béarnais, ajoute-t-il, qui jadis lui furent communiqués par le P. Abadie de Bétharram, sont d'une modalité analogue.

AIR N° 6

Gi - zo - na noun duk zu - hurt - zi - a? Zer! - ez ta - kik
Ez - te - la deus - e - re bi - zi - a khe - bat - bai - zik!

Hu - gunt e - rak mun - du er - ho - a o - rai da - nik; ah! ez - tuk

hu - rrun he - ri - o - a Hi - re - ga - nik.

X

CANTIQUE DU PÈLERIN DE SAINT-JACQUES A ROME

air : *De saint Jacques.*

En fouillant pour la riche collection des *Noëls et Cantiques,* qui fait autant honneur au laborieux érudit M. Socard qu'à ses chers imprimeurs troyens, ce bibliophile découvrit un livret in-24 de 8 pages, sans lieu ni date, contenant *un Cantique du pèlerin de S.-Jacques à Rome,* avec une *Oraison.* Assez souvent, ceux qui entreprenaient le pèlerinage de Compostelle ne s'arrêtaient pas en si bon chemin : ils allaient, sans sourciller, de là à Rome et même à Jérusalem. Réciproquement plusieurs des visiteurs de ces derniers sanctuaires terminèrent leur pieux voyage par la visite au tombeau de saint Jacques. Nous en avons eu la preuve dans un couplet des Chansons précédentes, alors que le pèlerin-poète pour engager ses confrères présents ou à venir à ne pas se laisser arrêter par la longueur, la fatigue du voyage, leur disait :

> Plusieurs pèlerinages
> Faisaient nos pères vieux
> Et de ces saints voyages
> Etoient fort désireux. (Ci-avant p. 36.)

Sans doute, en route à ce moment pour la Galice, l'objectif du poète était d'entraîner ses compagnons, soit à N.-Dame de Montserrat, soit à St-Sauveur d'Oviedo, ainsi qu'il le dit explicitement dans les deux strophes qui suivent sa proposition. Mais il pouvait insinuer aussi le voyage aux tombeaux du Christ et de saint Pierre. Que si cette indication n'est pas précisée dans les vers que nous signalons ici, *nous la trouvons dans le titre même du chant dit du pèlerin de Saint-Jacques*, à l'intention de ceux qui de Compostelle allaient à Rome.

M. Socard fait observer bien justement que ces pèlerins de Saint-Jacques pour Rome ont un mérite sur ceux de nos Chansons précédentes : « c'est qu'ils ne laissent aucun doute sur le pays d'où ils sont et sur celui d'où ils partent ; ils sont Bourguignons, cela est certain, tandis que l'on ignore encore si les *Revenants de Saint-Jacques de Compostelle* sont Champenois ou Normands. — Les pèlerins à Saint-Jacques partent d'Auxerre, traversent Dijon, puis Châlon et Lyon. Ils parcourent enfin la route que tout voyageur doit inévitablement suivre pour aller de la terre de Bourgogne à Rome.

« Mais, poursuit l'annotateur, si l'itinéraire de ce voyage à la ville sainte est bien tracé, on n'en peut dire autant du récit. Les vers de ce cantique (si l'on peut appeler ainsi une prose plus que médiocre) sont imprimés à longues lignes dans l'original, et ce semblant de rimes étant peu ou mal ponctué, » le force à reproduire telle que la copie du vieil imprimeur troyen [1].

Pour notre part, nous allons essayer de disposer en la forme ordinaire des pièces versifiées, le texte donné par M. Socard comme si c'était de la prose. Ainsi a agi M. Nicolaï en reproduisant le *Cantique spirituel*, lequel cependant sur l'estampe de Letourny est sans la coupure des vers. On verra, comme cela nous a paru à nous-même, que dans cette Complainte pour le voyage à Rome il n'y a ni plus ni moins de prose, ni plus ni moins de vers que dans les précédentes ; elles se valent. Nous trouvons bien quelques strophes boîteuses ou couplets qui ont des vers en moins, et aussi des vers estropiés ou ayant des pieds en trop ; mais les Complaintes ci-avant reproduites ont amplement démontré que les poètes de Saint-Jacques, coutumiers du fait, ne se gênaient pas pour si peu.

Avant de donner les paroles, observons qu'elles sont annoncées comme se chantant sur l'air : *De Saint-Jacques*. Vu la cadence, le rythme et la mesure des vers (ou prétendus vers) de ce morceau, on voit de suite que par cet air *de Saint-Jacques* on veut parler de l'air

[1] *Noëls et Cantiques*, p. 91.

sur lequel précisément se chantait le *Cantique spirituel*. On n'a qu'à comparer les premiers vers de l'un et l'autre de ces Complaintes comme suit :

CANTIQUE SPIRITUEL.

Quand nous partimes de France
En grand désir,
Nous avons quitté père et mère
Trist' et marris.

PÈLERIN DE S.-JACQUES A ROME

Quand nous partimes d'Auxerre,
Notre pays,
Avons dit un adieu sincère
A nos amis.

Mêmes coupes, mêmes rimes, même agencement, plagiat absolu de l'idée et presque des mots.

Enfin, nouvelle déduction et conclusion manifeste : Le *Cantique spirituel* et son *chant* sont donc le véritable air et la vraie « CHANSON DE SAINT-JACQUES. » — Sous le bénéfice de ces renseignements, faisons maintenant le voyage avec nos pèlerins : l'itinéraire est tout tracé.

1

Quand nous partimes d'Auxerre,
Notre pays,
Avons dit un adieu sincère
A nos amis,
Disant : c'est pour l'amour de Dieu
Qu'il s'est fait homme ;
Allons visiter les saints lieux
De Lorette et de Rome.

2

Priant que Dieu nous accompagne,
[Nous] fûmes droit à Dijon.
Nous vîmes l'hôpital Saint-Baume,
Parfait et bon.
Nous nous mîmes, étant à Châlons,
Dessus la Saône,
Pour nous rendre droit à Lyon,
Pour y passer le Rhône.

3

Nous traversâmes la Savoie
Par Chambéry;
Par Ménilmontant, primes la voie
Du Mont-Cenis;
D'aller à Turin tout de bon,
Primes l'envie,
De traverser le Piémont
Pour voir Alexandrie.

4

Dessus le chemin de Tortone
En Milanais,
La passade n'y est pas bonne
Pour les Français :
Il nous fallait, à chaque pas,
Faire connaître
Que nous étions du Pays-Bas
En [leur] montrant nos lettres.

5

Etant à Milan qu'on renomme,
Fûmes passer.
Afin d'y honorer S. Charles Borromé :
Nous entrâmes en Milanois
Jusqu'à Plaisance;
A Parmes nous allons tout droit,
Pour nous rendre à Modène.

6

Etant à Boulogne-la-Grasse
L'on nous reçoit
Dedans l'hôpital de saint Blaise
Et de saint François
Où tous les pèlerins et pèlerines
Vont voir le corps miraculeux
De sainte Catherine.

7

Depuis Boulogne jusqu'à Lorette,
Il y fait bon,

Pourvu qu'on ait dans sa pochette
Quelques testons.
Les Italiens nous disent En date passe;
Il faudrait bien de ces mots-là
Pour remplir nos besaces.

8

De là nous prenons la carrière
De Tolentin,
Pour y faire notre prière
Aux Augustins;
Du bienheureux S. Nicolas,
Où il repose.
Beaucoup de reliques avons vu
Et plusieurs autres choses.

9

Partant de cette sainte église
Nous sommes allés
Tout droit à S. François d'Assises
Pour l'honorer;
La sainte Chapelle nous avons vu,
Où Dieu lui-même
Lui accorda ce grand pardon,
Par sa bonté suprême.

10

Partant de Notre-Dame des Anges,
Nous en allons
En chantant de Dieu les louanges,
A Monte-Flascon;
Et nous avons vu partout
Choses précieuses,
Le corps entier on nous montra
De sainte Claire glorieuse.

11

A Viterbe plusieurs choses
Parfaitement
On voit le corps de sainte Rose
Entièrement :
Nous supplions d'affection
En son église,

Qu'elle obtienne la remission
De [nos] fautes commises.

12

Vîmes les cachots dans la terre,
Et bien profonds,
Où saint Paul et saint Pierre
Furent en prison :
De là nous fûmes visiter
La sainte Colonne,
Où Jésus-Christ fut flagellé
Pour [les] péchés des hommes

13

La confession est achevée;
Nous espérons :
Les sept églises l'on visite,
Pour le Pardon.
Nous montâmes à deux genoux
L'Echelle sainte,
Où notre Sauveur Jésus
Monta sans crainte.

14

Nous vîmes S. Paul
Ensuite le Crucifix
Qui parla à Sainte Brigitte,
Sa bonne amie.
L'on voit partout dans ces Lieux saints
Tant de reliques :
Ce qui rend content et joyeux
Les fidèles catholiques.

15

Avant de partir de Rome
Nous faut tâcher
D'aller à la table du Pape
Pour y dîner :
Avons été servis et traités
Par des évêques;
La médaille nous est donnée
Bénite du Saint-Père.

Les derniers détails de cette strophe sont vraiment typiques :
« Tâcher d'aller dîner à la table du Pape !.. y être traité par des
évêques !.. Et enfin emporter une médaille bénite par le Saint-Père !.. »
Tout ceci nous dit qu'à Rome comme à Saint-Jacques et en plusieurs

villes situées sur le parcours du pèlerinage, les pèlerins étaient héber-
gés. Là ils recevaient « la pasade, » ailleurs une aumône en monnaie
ou en nature ; dans tel couvent « la soupe, une pinte de vin, viande,
pain ou poisson. » En certains évêchés d'Espagne, on allait recevoir
de la main de l'Évêque « una limosna » de quelques *cuartos*, ou
quelques « onces de pain, » plus la bénédiction épiscopale.

A Rome il n'était pas étonnant que l'Évêque des évêques se fit un
honneur de *traiter* les vrais pèlerins — honneur que le chansonnier
met dans le « aller à la table du Pape ; » que le Pape les fit servir par
les prélats de sa domesticité, prélats qualifiés « évêques ; » qu'il remît
enfin à chacun une médaille bénite, commémoration de son pèlerinage.
A Compostelle nous avons vu nos voyageurs se munir des amulettes du
Saint : statuettes, figurines, coquilles emblèmes ; ils allaient même,
parfois, jusqu'à vendre et calebasse et bourdon,

> Pour avoir du *folletage* (les susdits bibelots religieux)
> De Saint Jacques le Baron.   p. 4

Ces charités reçues ou ces emplettes faites, les religieux visiteurs,
tant de Rome que de Santiago regagnaient leurs foyers, en chantant
quelqu'une de leurs traditionnelles Chansons, comme nous l'a déjà dit
le chansonnier des *Rossignols spirituels ligues en duo* :

> Nous retournâmes joyeux
> Ceux-cy vers leurs contrées
> Et ceux-là en autres lieux. (Ci-avant, pp. 30-32.)

C'est maintenant que ce *revenant de Saint-Jacques* va narrer son
voyage, distribuer les objets qu'il apporte des sanctuaires visités ; il
va répandre les images, dont faisaient partie celles qui accompagnent
ce travail, donner ou vendre les estampes « historiées » des Complaintes
de circonstance, et redire aux siens et aux amis les *Airs* de ces
Chansons.....

Si ces pages contribuaient à faire revivre ou à conserver plus sûre-
ment des souvenirs, des traditions et des chants qui charmèrent nos
aïeux, mais qui hélas ! s'envolent et se dispersent chaque jour davantage, l'auteur serait suffisamment dédommagé de ses nombreuses
démarches, de ses laborieuses recherches.

Montauban, novembre 1898.

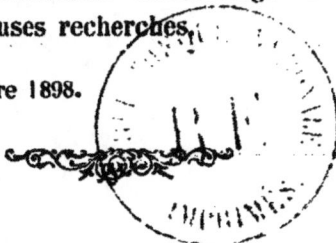

Attributs et Devise des Pèlerins de Saint-Jacques.

TABLE SOMMAIRE

PLANCHES-ESTAMPES

Statue en marbre de S. Jacques vénérée à Compostelle.

La Chambre angélique de Notre-Dame de Montserrat.

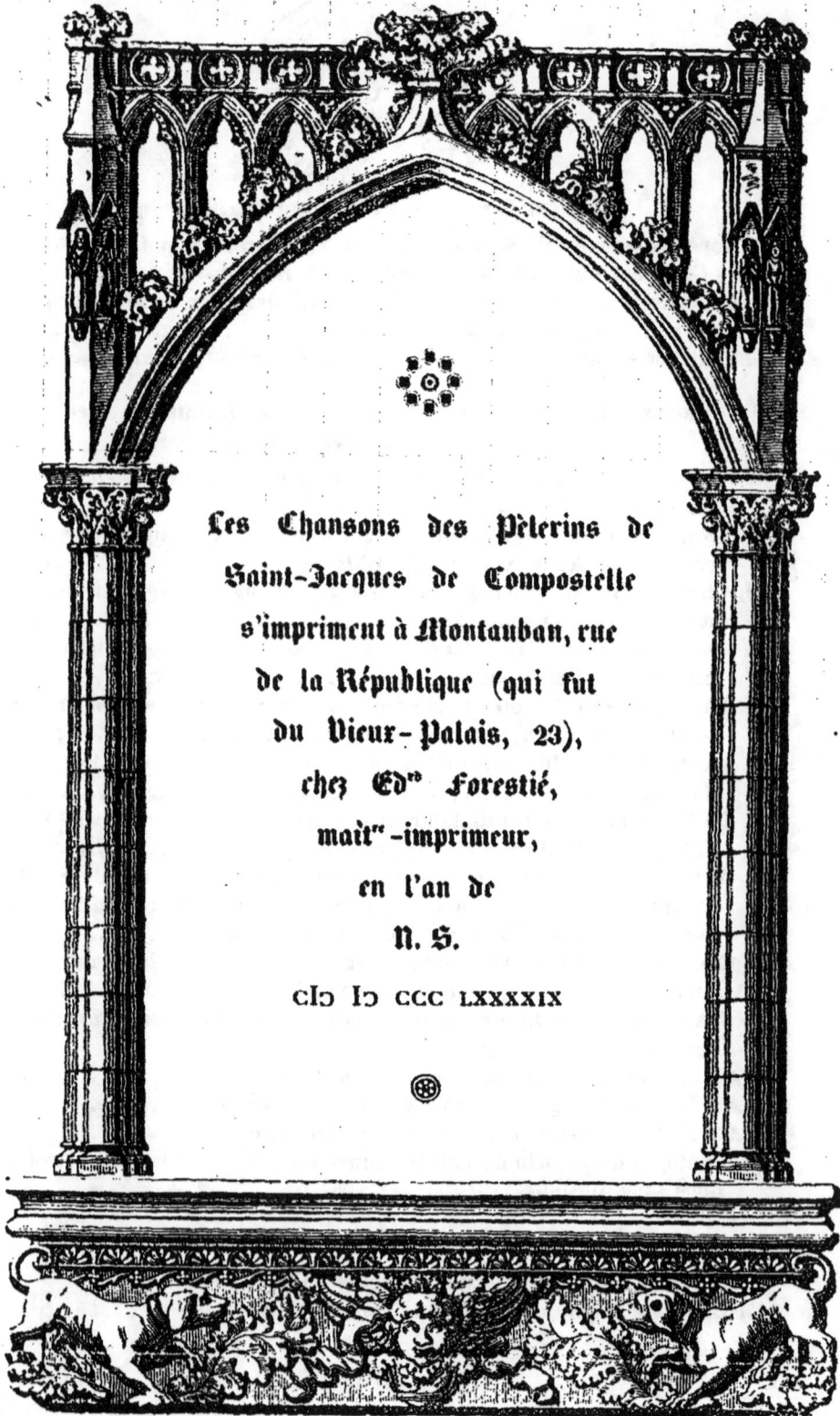

Les Chansons des Pèlerins de
Saint-Jacques de Compostelle
s'impriment à Montauban, rue
de la République (qui fut
du Vieux-Palais, 23),
chez Ed⁰ⁿ Forestié,
maît⁰ⁿ-imprimeur,
en l'an de
N. S.

CIƆ IƆ CCC LXXXXIX

SUPPLÉMENT

La présente brochure sortait de sous presse, lorsque M. l'abbé Dubarat nous a communiqué un Recueil du XVIII⁰ siècle [1] portant deux *airs* de Chansons vraisemblablement plus authentiques que ceux donnés ci-avant.

C'est d'abord l'air de la « *Grande Chanson*, » dont la notation, quelque peu différente de celle que nous avons reproduite à la page 22, précise davantage, par l'emploi des trilles, la modulation de ce chant. Aussi croyons-nous devoir donner d'autant plus fidèlement cette transcription musicale, que nous la trouvons désignée sous le timbre : « *Des pellerins de Saint-Jacques*. » Par là, nous avons réponse aux doutes et *desiderata* exprimés dans le cours de notre travail. Néanmoins, observons que, pas plus ici que dans les airs notés ci-dessus (pages 22 et 24), on ne trouve ni place ni musique pour le refrain qui accompagne les couplets de la *Chanson de St-Jacques*. D'autre part, aucun des nombreux cantiques inscrits comme se chantant sur cet « *air des pèlerins* » ne comporte de refrain. Voici cette notation, à comparer avec celle de la page 22 :

AIR N° 1
Air : *Des Pellerins de Saint-Jacques.*

Quand nous par - tî — mes de Fran - ce

En grand dé — sir, Nous a - vons quit - té père et

mè - re Trist' et mar - ris : Au cœur a - vions si

grand dé — sir d'al - ler à Saint Jac — ques,

A - vons quit - tés tous nos plai - sirs Pour fai - re

ce vo - ya — ge.

[1] L'IMITATION DE JÉSUS-CHRIST, MISE EN CANTIQUES SPIRITUELS : Sur les plus beaux Airs des meilleurs auteurs, tant anciens que modernes, notez, pour en faciliter le chant. *Par Monsieur* L'ABBÉ PELLEGRIN. A PARIS, chez NICOLAS LE CLERC, ruë de la vieille Boucherie, ... M.DCC.XXVII. vol. in-8° de 192 pag. de texte et 29 pages de musique gravée.

La seconde notation que nous relevons dans le même ouvrage de M. l'abbé Pellegrin se réfère au cantique inscrit ci-avant, à la page 42. Ce chant d'un pèlerin qui s'était « rendu Capucin » après son pèlerinage à Compostelle, est inscrit sous le timbre de *Réveillez-vous belle endormie*. Nous en avons donné la musique, attribuée à Dufresny, d'après la transcription de la *Clé du Caveau*, tout en notant qu'on trouvait cette pièce avec diverses variantes. La notation ci-après diffère beaucoup plus que tout autre de celle que nous avons reproduite, et, quoique l'air du *Caveau* ait plus popularisé cette dernière version, il est bon de rapporter celle du « Cantique spirituel » auquel nous l'empruntons. L'emploi des trilles indique encore ici la modulation du chant; et si l'air de Dufresny pour la chanson profane fut celui que nous avons retranscrit antérieurement, celui-ci paraît plus conforme à la Complainte et était consacré aux cantiques religieux. Mais notons aussi, comme pour le chant précédent, que dans aucune des notations on ne signale l'air du refrain qui fait partie de la Chanson de nos pèlerins.

AIR N° 3

Air : *Réveillez-vous belle endormie.*

Puis-que le mon — de je quit — te Pour vivre au Ciel heu — reu — se — ment, Il faut que mon Jé — sus j'i — mi — te, La Vier — ge et Saint Jac-ques le Grand.

BOIS DU XVIIᵉ SIÈCLE (*Imprimerie Forestié*)

(Voir aux pages 5-6, 34, 36, la raison de l'insertion de cette Estampe.)

www.ingramcontent.com/pod-product-compliance
Lightning Source LLC
LaVergne TN
LVHW022140080426
835511LV00007B/1185